京大思考
石丸伸二はなぜ嫌われてしまうのか

木洋仁

宝島社新書

目次

まえがき　3

序章　石丸伸二は「京大話法」か？　11

なぜ石丸伸二は話題になるのか？　12
「石丸伸二」とは何者か？　14
「石丸話法」　16
特徴は何か　18
「なぜ」を問う「なぜ」　20
「定義」の「定義」　21
「スレ違い」についての「スレ違い」　23
好き／嫌いが、きれいに分かれる理由　25
石丸伸二はなぜ嫌われてしまうのか？　26

「京大話法」とは何か　27
「京大話法」は、どう養われるのか　29
「東大話法」との違い　31
「京大話法」の居場所　34
京大出身者の生きる道　37

第1章　京大の魅力　41

東京出身者なのに京大を選んだ理由　42
関西にあるのに、コテコテ感が薄い　45
自由なイメージは真実か？　47
京大の「自由」とは何か　48
「不自由」とは何か　49
「自由」と「不自由」は同じ？　51
「自由」な「不自由」、「不自由」な「自由」　52
東大出身の教授が多い　53
入試問題は独特！　いくら書いても構わないし途中過程も加点　55

第2章　京大と学歴　59

ほとんどの人は学歴を気にしない＝全員が一定数以上の学力　60
「京大生、学歴厨多い」説を検証　61
佐川恭一『学歴狂の詩』　63
教員も「学歴」を気にしない　65
キャリアサポートセンターも20年ほど前までなかった　66
他大学との交流はほとんどない　67
「京大」という「学歴」　68
何のための「学歴」？　69
「学歴」が重要だとすれば……　70

第3章　京大の生活　73

議論はエンドレス　74
食事は学食、買い物も学内で大学の構内から出ない　75
教員が時には朝まで飲みに付き合う　76
「授業に出ない」が普通だった　77
授業はわからないのが当たり前　78

ゼミはカラオケ大会 79
先生を「さん」で呼ぶ学生 82
京大の都市伝説・吉田寮 84
京大生もほとんど見ない西部講堂 86
京大生の生活インフラ 87
男女とも服装にほぼ気をつかわない 89
昔は「イカ京」恐怖？ 90
京大生と「生活」 93
「生活」らしくない「生活」 94

第4章 「京大思考」とは何か？ 97

「そもそも」論が大好き 98
ある日の我が家の会話から 99
「京大話法」に変換すると 100
「そもそも」論とは、そもそも何か 102
「そもそも」論だとは思っていない！ 105
「変人」と言われると嬉しい 107

自分大好き。自分にしか関心がなく他人の目は気にしない 109
反権力・反権威!? 112
山極前総長の「変節」? 114
京大幻想 117
「京大思考」は本当にあるのか? 118
「学歴」は「つくられた伝統」か 122

第5章 社会学から見た「京大思考」

社会学から見た「京大思考」 125
社会学という補助線 126
「京大思考」の先達、作田啓一 126
『価値の社会学』に見る「京大思考」 127
作田啓一における「京大思考」 130
「価値」の原理 131
「文化的価値」としての「価値」 133
「価値」は、なぜ大切なのか 133
「価値」と戦後日本社会 136
『価値の社会学』に書かれていること 138

日本社会論としての『価値の社会学』 142
アメリカと日本の関係 144
「文化」としての「価値」 145
「価値」という「京大思考」 148

第6章　加藤秀俊に見る「京大思考」 151

加藤秀俊の思考方法 152
「中間文化論」とは 153
さまざまな中間文化 154
アメリカと日本の「あいだ」 156
中間層が社会中心的勢力に 157
インテリと大衆の「あいだ」 159
東京と京都の「あいだ」 161
京都を去った後 164
小説の「価値」 166
具体にこだわる 167
「中間文化論」から「小説の比較価値論」へ 168

加藤にとってのパチンコ 170
文化研究の先駆者としての加藤 171
「わたし」にとってのパチンコ 172
1984年のパチンコ 173
パチンコのタテマエ 175
「くたびれた『中間文化』」 176
「新中間大衆」と「中流」 177
2016年の『中間文化』とは？ 179
「中間文化論」からの55年 182

第7章 インテリなき時代の京大思考 187

「中間文化」の全域化 188
今、加藤秀俊を読む 191
「京大思考」として加藤秀俊を読み直す 193
つかみづらさとしての「京大思考」 195
「対話」と「雑談」のあいだ 196
ズレとしての「京大思考」 197

「遊び」という回路 198
「雑談」としての対話 200
京都という地の利 200
「論文」と「エッセー」のあいだ 201
「あとがき」での芸 203
学者であるからこその「エッセー」 204
社会学としての「京大思考」 205
ホンネを隠そうとする戦略 206
「社会学」と「文学」のあいだ 207
「京大思考」という「雑談」 208
終わりのない「メタ」思考 209
「社会学」と「面白さ」のあいだ 211
「面白さ」の次は何か 213

あとがき 217

序章　石丸伸二は「京大話法」か？

なぜ石丸伸二は話題になるのか?

２０２４年７月７日に投開票された東京都知事選挙で、最も話題になったのは、石丸伸二氏（１９８２年〜）だった。石丸氏が、事前の予想をくつがえし、約１６５万票を獲得、２位につけたからである。

それだけではない。テレビ各局等とのインタビューを通じて「石丸話法」とも呼ばれる、独特の話し方が注目を集めた。

社会学者の古市憲寿氏（１９８５年〜）とのやりとりをはじめ、問いと答えが嚙み合っていないというか、わざとズラしているかのようなその口調を、石丸氏のパーソナリティとともに、多くの人たちがネタにした。

それを「京大話法」と、私が名づけたところから、この本の企画が始まった。ウェブサイト「プレジデントオンライン」から「石丸現象」について寄稿の依頼をいただいた際に、担当編集者へのメールに、私は、次のように書いた。

石丸伸二氏の、あの論法、といいますか

議論（?・）の仕方は
いかにも京大らしいな……と
懐かしんでおりました（苦笑）。

すでにネットミームになっている
古市憲寿さんとのやりとりなどは、
典型的に京大生っぽい、と申しますか……。

大学院で東大に行って
戸惑ったと申しますか、
東大の議論はマトモだなぁ、と
感心したことを思い出しました（笑）。

これをふまえて書いた拙稿が、「『石丸構文』は典型的な『京大話法』である…京大卒社会学者が石丸氏の『質問返し』になつかしさを覚えるワケ」と題して「プレジデントオンライン」から配信された。その趣旨は、追って説明するとして、興味深いのは、石丸氏をめぐるテーマで、世間が沸いたところである。

石丸氏が、あれだけ話題になったのは、なぜか。京大卒、という「高学歴」だったからではないか。それがひとつの答えであり、この本が書かれる理由でもある。私自身がどうしても書きたいテーマとは必ずしも言い切れないが、石丸氏が人々の俎上《そじょう》に載せられたことで執筆依頼が来たのである。

「石丸伸二」とは何者か？

石丸氏は「京大卒」を売り物にしていたわけではない。というよりも、その「高学歴」を隠していたのかもしれない。広島県の安芸高田市の市長を4年近く務めた。その経験をベースに、東京都を変えよう（とする）ビジョンが、多くの得票を集めた要因だった、彼自身はそう言いたいに違いない。

メディア、とりわけ新聞とテレビはさんざん分析していたが、彼の演説の切り抜き動画がＴｉｋＴｏｋをはじめとするＳＮＳで拡散されたことが、「石丸現象」の原因なのかもしれない。

石丸氏は「京大卒」というより、もっとずっとさまざまな顔を持っている。「石丸伸二」とは何者か？　と聞かれたときに、「京大卒の人」と答える人は、ほとんどいないだろう。

今なら、まっ先に「東京都知事選で2位に入った人」とか「怖い人」といった、イメージが先立つ。あるいは元銀行員、元市長といった公の経歴を挙げるだろう。あるいは、彼を知っている人なら、そのパーソナリティ（性格）について言及する。

そういった、いろんな表情の中で、「京大卒」は、略歴のひとつではあるものの、彼をあらわす特徴にはなりえない。そう考えるのが妥当である。

しかし、だから、彼について考えるときに「京大卒」が効いてくる。もし彼が京大卒でなかったら、ここまで話題になっただろうか？

彼が東大卒なら、さらに反応は異なったに違いない。「東大」は、日本では権威の象徴だからである。石丸氏は、「東大卒」ではなく「京大卒」であるという点で、挑戦者として権威に立ち向かうという雰囲気をまとえたのではないか。そしてそのために、彼は毀誉褒貶《きよほうへん》にさらされたのである。

「石丸話法」

先に触れた、東京都知事選挙の開票特別番組（日本テレビのネット番組 https://www.youtube.com/watch?v=i8S-62f_htE）での、社会学者の古市憲寿氏とのやりとりを、文字起こししてみよう。

古市氏　石丸さんから一貫性を感じるんですけど、先ほどその「政治屋の一掃」って話がありました。一方で、その世の中を変えるためには、別に政治家にならなくてもできることはたくさんあるわけですよね。企業家であるとか、ＮＰＯであるとか、官僚であるとか、いろんな形、社会は変えられます。そこの中で、石丸さんが、ある種政治家にこだわる理由ってのはなんなんでしょう。

石丸氏　……（しばし無言）いえ、こだわってないですよ。

古市氏　じゃあ別にその可能性として、別に国政とか県知事選とかいろんなことが取り出されてますけれども、別に今後のキャリアとして、政治家はあくまでもその1つにすぎないってことですか。

石丸氏　1つにすぎないというか。僕は人生長いですし、いろんな選択肢があって当然だと思うんですけど、そうでもないんですかね。

まず、ここに注目しよう。

古市氏は、石丸氏が、なぜ政治家を選んだのか、を聞こうとしているのだろう。これに対して、石丸氏は、その理由について答えるのではなく、「こだわっていない」と返している。石丸氏は嘘をついているわけでもなければ、話を逸らしているわけでもない（のかもしれない）。

重要なのは、私の感覚では、こうした話の仕方を、京都大学の学生時代に、さんざん聞いてきたし、たぶんに私自身も使ってきたところにある。外から、というか、古市氏からみれば、論点をズラされた、と感じた可能性が高い。

けれども、石丸氏にしてみれば、そうではないに違いない。

いや、このやりとりを当時（2024年7月7日）リアルタイムで聞いていたときも、その後、この文章を書くために聞き直しても、私にとっては、論点逸らしでも、話を変えたとも思えない。

これが「石丸話法」であり、「京大話法」と呼ばれるのだろう。

特徴は何か

このやりとりの続きを見よう。

古市氏　いや、そこの中で、じゃなんで今回都知事選に。改めて聞きますけど、都知事選に出たんですか。別に、「政治屋の一掃」を訴えるなら、逆に政治家にならないほうが、議論として一貫してると思うんですけど。

石丸氏　はい。（広島県）安芸高田市長を退任して……。

古市氏の関心は、ここでも「なぜ、石丸氏は政治家になったのか」であり、より具体的には、「なぜ、今回の東京都知事選挙に立候補したのか」というところにあると言えよう。政治家にならないほうが良い、というのは、意図的な挑発ととられても仕方がないものの、それでも、古市氏の姿勢は、ここまでは一貫していた。

しかし、石丸氏が質問に答えようとしている間に、古市氏が、さらに問いを被せる。

古市氏　いわゆる石丸さんが批判する「政治屋」と石丸さん自身は、どう違うんですか。

石丸氏　なんか堂々巡りになってる気がするんですけど。

ここで古市氏が「石丸話法」、「京大話法」の落とし穴に嵌《はま》ったのではないか。石丸氏の言う「堂々巡り」が、その落とし穴である。

同じ内容（石丸氏が政治家になる理由）を、古市氏は、手を変え、品を変えて聞こうとしていたものの、石丸氏にすれば、そうは聞こえない。石丸氏にとって、さらには聞いていた私にしても、大切なのは、逆に古市氏が、なぜその質問を聞こうとするのか、ではなかったか。

この感覚の有無が、古市氏にとっての落とし穴だったのである。

「なぜ」を問う「なぜ」

この後、ふたりのやりとりは、ほぼ噛み合わない。

石丸氏が、たぶんに、あえて、そしてわざと噛み合わないように仕向けているようにも見えるのだが、その真意よりも、噛み合わなさそれ自体が、私には興味深い。

石丸氏のなかで重視しているのは、古市氏の質問そのものではなく、古市氏の意図だったのではないか。曲がりなりにも、市長という立場で政治家としてのキャリアを積み上げてきた上で東京都知事選挙に立候補した。そんな石丸氏に、わざわざ「政治家になる理由」を聞くということは、その裏に何か別の背景があるのでは、と感じたのではないか。

石丸氏の真意がどうかは推し量るしかないが、少なくとも、私は、古市氏の質問の目的が、別のところに(も)あるのではないか、と訝《いぶか》しむ。

この訝しむ思考回路は、ただ疑り深い、という以上に、京大っぽさと言えるのではないか。

「なぜ」を問う相手の、その「なぜ」を問う。「なぜ」を問われているのは、「なぜ」なのか。そう考えるだけではなく、その疑問(「なぜ」を問う「なぜ」)を、そのままぶつけるのが、京大らしさなのではないか。

「定義」の「定義」

2人のやりとりは、続く。

古市氏　あらためて定義を聞いてるんですけど、石丸さんの考える批判する「政治屋」と、石丸さんがいま、自分が体現してる「政治家」っていうのはどう違うんですか。その定義を聞いてます。

石丸氏　同じ質問を今、繰り返されてます？　さっき答えたばっかりですけど。

ここは石丸氏が正しい。

この3分ほど前に、「政治屋」について、「政治のための政治を行う。党利党略、自分第一、それらをやっている者」と、石丸氏は定義している。その上で、自分は違う、と答えている。

たしかに、古市氏が聞いている「政治家」の定義を直接答えてはいない。「政治屋」と「政治家」の違いについても、なるほど、明白とは言いがたい。

そうしたスレ違いよりも、ここで注目したいのは、古市氏が「定義」の話へと展開しているところである。

さきほど見たように、古市氏の質問は、「なぜ、石丸氏は政治家になったのか」にフォーカスしていた。これに対して、石丸氏は、その古市氏の考えそれ自体を、問い返そうとしていた。

そのやりとりが、「堂々巡りになっている」と言われたので、「定義」の話へと転じている。これは悪手だったのではないか。

「なぜ」を問う「なぜ」と同じように、石丸氏には、「定義」の「定義」がまた関心の的になるからである。「定義」は、すでに、この3分前に答えているのに、わざわざ、あらためて「定義」を古市氏が聞いてくる。ということは、その「定義」ということばの「定義」について、古市氏と石丸氏のあいだにズレがあるのではないか。そう考えるのに十分だからである。

「スレ違い」についての「スレ違い」

すでに賢明な読者は、お気づきだろう。

ほかならぬ、この文章を書いている私自身が、この堂々巡りが好きなのである。というよりも、こうした話法に慣れていたり、あるいは受け入れてくれていたりした環境が、京都大学だったと、懐かしく思い出して、興じているのである。

古市氏と石丸氏のやりとりの続きを追いかけよう。

石丸氏　（定義を）もう1回言えってことですか？

古市氏　いや、まだ答えてもらってないから聞いてるんです。石丸さんが批判する「政治屋」と……。

石丸氏　さっき言ったばっかかですよね？

古市氏　整理します。石丸さんはまず「政治屋」ってものを批判してますよね。一方で石丸さんは政治活動をされている。市長もやってました。今回、都知事選に立候補しました。批判されてる「政治屋」と石丸さんの政治活動っていうのはどう違うんですか？

石丸氏　さっきの定義の話は？

古市氏　あ、だからその定義を聞いてるんです。「どう違うんですか」っていう定義の問題で。

石丸氏　言葉の定義じゃなくて、相違点を聞いてるっていうことでよろしいですか？

古市氏と石丸氏、どちらが正しくて、どちらが間違っている、といった判定を下したいわけでは、まったくない。

そうではなくて、古市氏と石丸氏のあいだでは、わざとかどうかはともかくとして、スレ違っている。スレ違っているだけではなく、いつ、どこで、なぜ、何をめぐってスレ違っているのか、についての論点も、スレ違っているのではないか。

「スレ違い」についての「スレ違い」である。

そして最も重要なのは、このやりとりを、古市氏や石丸氏、2人の当事者はともかくとして、私自身が楽しんでいるという点である。このやりとりを見ていたときも、そして今、こうして書き起こしながら解説しているときも、こういうやりとりを、さんざん大学時代に繰り返していたのだな、と懐かしんでいる。

好き／嫌いが、きれいに分かれる理由

石丸氏を批判した人に対して、しばしば、彼のファンから批判が寄せられる。「ファ

ン」というよりももっと強い、信者のような存在なのかもしれないが、強調したいのは、彼をめぐって好悪がハッキリと分かれるところである。

先の都知事選では、彼を強く支持する人と、強く否定する人、そう二極化した印象がある。前者はネット動画を拡散し、後者はその動画にネガティブな評価を下す。前者は石丸氏の魅力を周囲に伝え、後者はSNSで彼を否定する。そんな光景が広がっていたのではないか。

石丸氏を好きか／嫌いか、これが、きれいに分かれる理由こそ「京大話法」にあり、それを支える「京大思考」にあるといえる。

石丸伸二はなぜ嫌われてしまうのか？

本書の副題に「石丸伸二はなぜ嫌われてしまうのか？」とある。

その答えは、ここにある。

彼を嫌う人にとっては、既存の権威に挑む、その姿勢自体が受け入れられないからである。いまある秩序を乱す者であり、理解を超えた、理解できない存在だからである。

彼を認められない背景にあるのが、この「京大思考」であり「京大話法」ではないか。

「京大話法」とは何か

まず、「京大話法」とは何か。それは、相手の話の前提や定義を問うたり、議論の立て方そのものを議論したりする話し方である。そもそも論、といえば、聞こえはまだマシかもしれないが、実態は「堂々巡り」である。

少なくとも、私が学生だった20年ほど前の京都大学では、「そんな議論」といって良いのかどうかわからない、言い合いというか、言葉のスレ違いが頻発していた。かといって、それが不快だったわけでもない。愉快ではないものの、他人とは話が通じないし、ぐるぐる回るのが当たり前だった。

ネット記事（プレジデントオンライン）に書いた私の原稿に対して興味深かったのは、この「京大話法」への京大出身者の反応である。

たとえば、ＮＨＫのエグゼクティブ・ディレクターの福原伸治氏（１９６３年〜）

は、Xに「少なくとも私がいたころはこんな話し方をする学生はいなかったです。その後はわかりませんが……」とポストしている（https://x.com/shinjifukuhara/status/1811609951770673186）。

なぜ、「いなかった」と断言できるのだろうか。福原氏は、京大卒だとしても、「私がいたころ」のすべての学生を完璧に調べられたはずがない。よしんば、統計を用いた調査をしていたとしても、その根拠を挙げられないだろう。

この福原氏の「言い切り」話法が、まさに「京大話法」である。

理由を聞いても、出てこない。「私」が思うから、そうなのだ、そんな断定は、石丸氏の話し方と同じではないか。童謡『犬のおまわりさん』に出てくる、迷子の子猫ちゃんのように、泣いてばかりいるのが「京大話法」なのである。

福原氏ひとりが「京大話法」の使い手ではない。ほかならぬ、この文章を書いている私もまた、その「ぐるぐる回る」中に巻き込まれたまま、20年以上の馬齢を重ねている。この本を書いているきっかけもそこにある。

「京大話法」は、どう養われるのか

「京大話法」を使う人たちは、もともと素質があったと思われる。

ああ言えばこう言う式の、屁理屈と批判されかねない口調を、おそらくは、幼少のころから自在に使いこなしていたに違いない。いや、使いこなしていた、とまで意識しているわけではなく、知らず知らずのうちだったのではないか。

私の在学時に学内で有名になったのは、レポート提出をめぐるやりとり（とされるネット投稿）である（https://www.j-cast.com/2012/05/07131249.html?p=all）。

もともとは、「嘘競演ＷＥＢ」に２００３年7月19日付で「助教授の悩み」と題して投稿されたものである（https://www.kasugai.com/~usokyoen/28/uk280023.html）。「5月31日までに1号館1階の浅川のレターボックスに提出すること」を求めた告知をめぐって、日付の定義や、レターボックスの場所など、さまざまな揚げ足をとろうとしたとみられる投稿が続く。

その提出期限の時間が「日本標準時」ではなく「グリニッジ標準時」だとか、ベルグソンの時間論を曲解して、日付が前後する（7月1日の後に6月30日が来る）といった反論を学生が教員に向けたらしい様子が展開される。

このツリーが京大関係者のものだという確証はない。ネット上では東北大学のものだとする説も多い。それでも、在学時には、こうしたエピソードが身近に転がっていた。先に引用した福原氏の言い方を借りれば、「少なくとも私がいたころは」、そう思っていた。

私の中での「京大話法」とは、こうしたエンドレスの、一見すると不毛な会話である。何よりも大切なのは、私や、私の友人たちは、こうした「京大話法」を嫌ってはいなかった点である。

好き／嫌いに分かれるのではなく、身体に染みついた考え方や話し方を「京大話法」と呼ぼう。養おうとして養えるわけでもなく、養われる特定の環境があるわけでもない。この素質に恵まれた、もしくは呪われた人たちが、身につけてしまうものなのである。

「東大話法」との違い

「東大話法」という言葉は以前からあった。

東大教授だった安冨歩氏（１９６３年〜）が、その著『原発危機と「東大話法」傍観者の論理・欺瞞の言語』（明石書店、２０１２年）の中で名づけたものである。「自分の信念ではなく、自分の思考に合わせた思考を採用する」といった特徴をはじめとして20項目に及ぶ。「東大話法」は、２０１１年の東京電力福島第一原子力発電所の事故と、それに伴う、さまざまな対応等をきっかけに生まれた。

その「東大話法」をもとに、「犀角抄」という個人ブログに、２０１２年10月24日付で、次のような「京大話法」が投稿されている（http://rakken.sblo.jp/article/59488577.html）。

1　自分の信念しか考えない。
2　自分の信念に都合のよいように相手の話を解釈する。
3　都合の悪いことに思わず喰ってかかる。
4　関係のない話には関心がまるで無い。

5　いいかげんな話をするとき目が泳ぐ。

6　自分の問題をわざわざ晒《さら》してネタにする。

7　その場でもっともアホなポジションに立ちたがる。

8　「客観的」に他人の発言を解説しているはずが、そのうち自分の信念を語り出す。

9　「極端な話」と言って、真実をぶちまける。

10　自らスケープゴートになってみせ、つられて侮辱する人の揚げ足をとりまくって、ゲラゲラ笑う。

11　相手の知識が自分より低いと見たら、頼んでもいないのに懇切丁寧に教えたがる。

12　自分の議論が曖昧《あいまい》だと自分自身が一番良くわかっている。

13　自分の議論に都合の悪い特異点の方についつい心惹かれて話が進まない。

14　竜頭蛇尾。

15　よせばいいのに他人の見せかけに猛然と噛み付いて、ひどい人だと思われる。

16　わけのわからない奇声を発して相手を驚かせ、場をリセットする。
17　あれもダメ、これもダメ、と言うが気になるのでチェックはしている。
18　あれもいい、これもいい、と言って周囲の反応を見るが結論は最初から決まっている。
19　常にバランスブレイカー。
20　「すまん。謝る」で全部済まされると思っているのでよく謝る。

これらが本当に「京大話法」なのかどうかはわからない。当てはまる要素もあれば、「京大話法」に限られないというものも、たくさんあるだろう。それでも、安冨氏の「東大話法」という表現が話題を呼んだところに、まず注目したい。

2011年当時、「東大話法」自体、根拠がない、レトリックにすぎない、といった多くの批判を浴びていた。だがそれでも、あるいはそれゆえに商売になった。「東大話法」は、何かを言ったつもりになれたし、批判すれば、東大を知っているかのように振る舞えたからである。「東大話法」があるにせよないにせよ、どちらにしても、このムーブメントは日本社会に潜む「東大」へのこだわりと背中合わせだった。

反対に「京大話法」は、せいぜい先に挙げたような、ささやかなネット投稿で出た言葉にすぎない。私の書いたコラムも話題になったとはいえ、「東大話法」とは比べものにならない。

「京大話法」の居場所

先に書いたように、この本では少なくとも私の中での「京大話法」のイメージをもとにして、京大をめぐるあれこれの、四方山《よもやま》話を書いていく。

「東大」を掲げた本では、こうしたスタイルは許されないだろう。

書店に行けば、東大教授が書いた本に始まり、今や、東大生による書籍にあふれている。直近（2024年8月）に出版された江森百花（2000年〜）と川崎莉音（2001年〜）による新書『なぜ地方女子は東大を目指さないのか』（光文社新書）は、現役の学生による調査をもとにしている。「東大」は、これまでも、今も、そしておそらくはこれからも、常に多くの人たちの関心を集める。

これに対して、「京大」はどうか。

古い本になるが、たとえば、「京都帝国大学法学部学外有信会」が編んだ『先輩の見た京大問題—法学部は何故妥協案を拒否したか—』という本が昭和8年、今から91年前に出版されている。これは、同大法学部の教授だった滝川幸辰（1891〜1962年）がマルクス主義的だとして、時の文部大臣・鳩山一郎（1883〜1959年）が休職を命じた、滝川事件をめぐる議論をまとめたものである。「京大」という大学そのものというよりも、個別の事件にフォーカスしている。

そこから16年後の昭和24年には、創元社から「京大西洋史」と掲げたシリーズが刊行されているが、これもまた、「京都大学」に絞ったものではない。あくまでもその大学で講じられた学問をまとめたものである。

「東大」や「東大話法」はマーケットに求められたのに対して、「京大」は、少なくとも「京大話法」のようなかたちのニーズはなかった。

ここに「京大話法」の居場所があるのではないか。

「東大話法」は毀誉褒貶が激しく、良くも悪くもお金になる。その存在を認めるにせよ、認めないにせよ、どちらにしても、お金を払ってでも関心を寄せる(人がいる)。それぐらい「東大」は、日本において権威として確かなものである。

ひるがえって「京大話法」は、筆者である私が言うのも何なのだが、その成立からして怪しい。いや、怪しい以上に、「東大話法」のヴァリアント(変奏曲)としてしか、居場所を得られてこなかったし、おそらくこれからも同じだろう。

さらに言えば、「京大」を掲げた受験参考書やビジネス書、あるいは、セミナーなどが大好評を博す可能性も少ない。「東大式ドリル」は売れているが、「京大式ドリル」は、企画が通らなかったからなのか、流通していない。

せいぜい「京大式カード」が、かつての一時期置かれていた、全国の文房具店の片隅、そこが、「京大」の居場所にすぎない。民族学者の梅棹忠夫(1920~2010年)が提唱した「京大式カード」は、B6判メモ帳ぐらいの大きさのカードである。梅棹は、研究過程で集めた情報を整理するために、こうした小さなカードに記録する方法を思いつく。その著『知的生産の技術』(岩波新書、1969年)での紹介により、瞬く間に全国各地へと広がった。

ただし、「京大式カード」の後にも先にも、「京大」を冠した何かが流行した例は、管見の限り、承知していない。

「京大話法」もまた、そのぐらいの扱いなのである。

京大出身者の生きる道

強引に敷衍《ふえん》すれば、京大出身者の生きる道もまた「京大話法」と同じなのではないか。

東大出身者ほどの権威や権力もないものの、かといって、世の中で、まったくのマイナーな存在でもない。たかだか大学の、それも学部の卒業歴など、長い人生の実質の部分ではほとんど影響しない。

これも「東大」と「京大」の大きな違いだろう。

日本の「学歴」は、大学受験の偏差値をもとにしており、その頂点に立つのが東大だとされている。実際に東大がトップかどうかは、物差しによって違うし、そもそも偏差値が高かろうと低かろうと、結局はその人がどう生きるかでしかない。

それでも「東大」は往々にして呪縛となってつきまとう。その呪縛について書いた本は、1冊では済まない。樋田敦子氏の『東大を出たあの子は幸せになったのか「頭のいい女子」のその後を追った』（大和書房、2018年）に限らず、ネット記事でもテレビ番組でも、「東大」は注目を集める。

最近、打ち切られたとはいえ、TBS系列で放送されていた番組『東大王』では、多くの東大生・東大出身者が出演をきっかけに有名になった。ほかにも、クイズ番組で「東大チーム」は、しばしば組まれるし、フジテレビ系列の『さんまの東大方程式』は、長年にわたって人気を博している。

「京大」では、こうはならない。

むろん、「京大」がトップではないからなのだが、それに加えて、その独特の性格ゆえなのではないか。京大出身者として生きる道、もしくは、彼ら彼女たちの思考法に共通する「何か」の要素があるとしたら、それは何か。

第1章では、私自身が京大を受験した理由を、入試問題の特徴とからめて綴《つづ》る。

第2章では、一般的に日本社会で京大卒という学歴がどのように効果を生んでいるのかを考えてみたい。日本は「学歴コンシャスな社会」であり、「学歴」を語る社会であり、「学歴」を語ることによって安定する社会である。その仕組みを分析する。

第3章では、私の思い出とともに、京大の生活を見る。一般化できるかも含め、京大での生き方を振り返る。それを受けて第4章では、京大生の性格、すなわち、「京大話法」や「京大思考」について記す。続く第5章以降では、私の専門である社会学に即して「京大話法」や「京大思考」の特徴を考え直す。

この本は、京大卒はどうやって社会と接点を持てば良いのか、私自身に即して探る。「京大出身」について、私は、ほとんどこだわった覚えがなかったし、今回の話をいただくまでは、真剣に考えたことがなかった。

それぐらい能天気に生きてこられたのもまた、京大出身者だったからなのだろう。そんな呑気な人間が、日本社会における学歴や、それにまつわる「何か」を考えたエッセイとして、気楽に読んでいただけるとありがたい。

第1章　京大の魅力

東京出身者なのに京大を選んだ理由

「なんで、私が東大に⁉」

このキャッチコピーは有名だろう。大手予備校の四谷学院が広告に掲載しているもので、体験談をまとめた書籍も2007年から出版され続けている。

注目したいのは、2009年から始まった書籍版『なんで、私が京大に⁉』の扱いである。東大に続くシリーズの第二弾だと思ったのだが、二番手は2008年からの『なんで、私が早慶に⁉』である。

前章で述べた通り、「東大」は商売のもとになるが、「京大」はなりにくい。その傾向を四谷学院が象徴しているのではないか。「京大」よりも「早慶」のほうがマーケットとしては大きい。「早慶」のほうが「京大」よりも目指す受験生が多いばかりか、その市場価値もまた上回っている。

多分に、「東京と京都」という立地が影響しているのだろう。私の知人に、京都で生まれ育ったから、大学は慶應に行きたかったし、浪人してまで行ったという人がいる。近年では、慶應大学の一般選抜入試に占める、関東地方出身者の割合は高

図1　慶應大学の一般選抜入試に占める関東地方出身者の割合

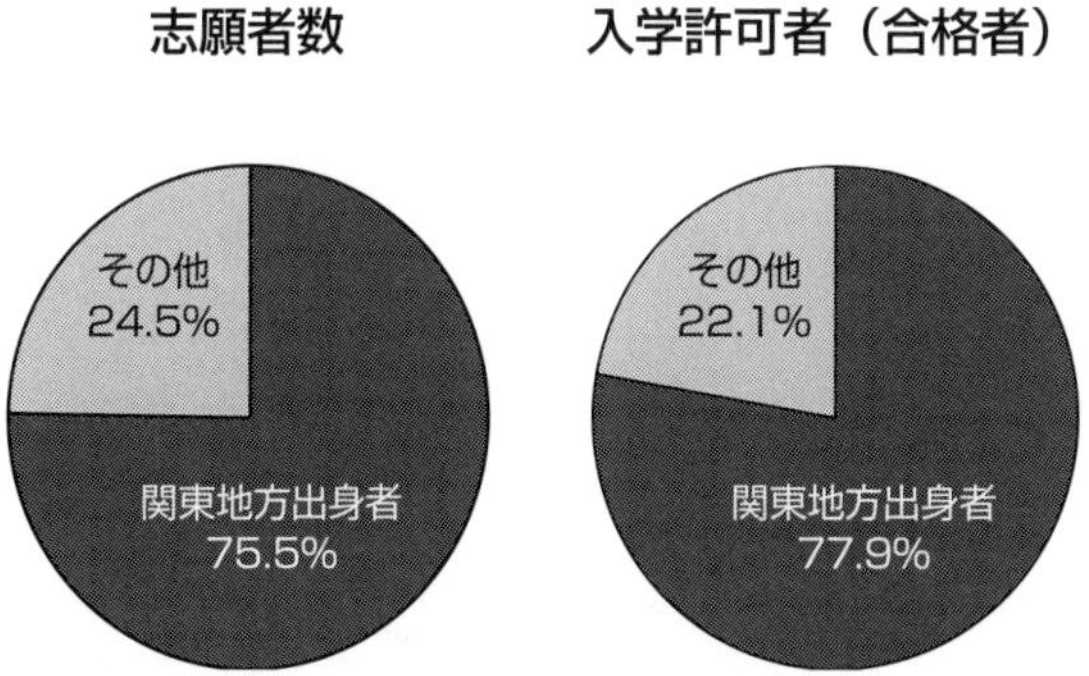

出典：https://www.keio.ac.jp/ja/admissions/docs/toukei2024.pdf

い。志願者数の割合で75・5%、入学許可者（合格者）では77・9%と、ほぼ関東地方出身者で占められている（上図1）。

だからこそ、あえて関東地方以外から進もう、という人もまた昔からいる。京都大学の前の総長の山極壽一氏（1952年〜）は東京都立国立高校出身だ。加えて、私の入った総合人間学部は、京都大学の中でもとりわけ関東出身者の割合が高く、その分、近畿出身者の割合が低いことで知られている。

私は東京から逃げたかったから志願した。東京の呪縛が嫌だった。両親を含め4人の祖父母のうち3人が東京出身で、そのうち2人は、その祖父母の代から東京にいる。東京にいるのだから、東京の大学に進んで当然、との雰囲気が嫌いだった。

千代田区の九段にある暁星高校に通っていたが、長く東京に住んでいる同級生が多く、当たり前のように東京の大学を選んだ。もとより日本全体の大学進学率は半世紀前に比べ高くなったとはいえ、今ですら60％に満たない（https://www.mext.go.jp/kaigisiryo/content/000255573.pdf）。高校を出たら大学へ、というルート自体、「普通」とはいえない。

私は、ただ京都大学に進みたかった。東京に生まれ育ち、東京の大学に入り、そのまま東京で就職をする。そんな中高の同級生が多いから、そのコースから外れたかった。

大学に入れると信じて疑わなかった。もっと踏み込んで言えば、京都大学に受かるものだと疑念を抱いていなかったのだろうか？　正直なところそのあたりはよく覚えていない。

関西にあるのに、コテコテ感が薄い

当時の私は京都大学に対して「関西（京都）にあるのに、コテコテ感が薄い」というイメージを持っていた。

私が高校生だった1990年代後半、京都のイメージといえば、JR東海のCM「そうだ 京都、行こう。」に洗脳されていた。

私が中学1年生の1993年に始まったこのキャンペーンは、平安京遷都1200年を前にしたもので、「千年の都」という枕詞は、東京にいるからこそ観光向けのポスターなども多く、しばしば目にしていた。

東京は歴史が浅く、その割に人が多くゴミゴミとしている。新しい建物や商品は多い反面、落ち着きはない。それに比べて、長い伝統のもとにゆったりとした時間の流れる古都、それが、とりわけ東京の人にとっての京都だった。

初めて京都に行ったのは1998年、高校2年生の冬だった。京都大学を意識するのも、その後だった。京都大学＝ノーベル賞、くらいの微かな印象があったとはいえ、そもそもどこにあるのかさえ知らなかった。

それでも、京都が関西にあるのは辛うじて頭にあった。関西といえば、当時の東京の高校生にとって、関西弁というより明石家さんま・ダウンタウンのお笑いでのボケとツッコミだったから、京都はやや違うんだろう、としか思えなかった。

実際、京都大学の受験を終えて、あまりの疲れにタクシーに乗ったとき、運転手さんに「関西といえば明石家さんまですよね」と話しかけたら、「あの人、嫌いやねん」と言われて話に詰まった。

東京から来た人間にとって、関西＝関西弁＝お笑いであり、コテコテとか、怖いといったマイナスの印象が伴っていた。お笑いの本場は大阪、というか関西、そんな強烈な刷り込みがあった。フジテレビの『とぶくすり』から続く、ナインティナインをはじめとした吉本興業所属の若手芸人が東京のテレビを席巻していくさまは、関東の人間にとっては圧倒されるばかりだった。

反面、京都はコテコテ感が薄い。とは言えそれのみで京大を選んだわけではない。ノーベル賞と並ぶキーワード＝自由がありそうに思えたからである。

自由なイメージは真実か？

京大といえば「自由」、と代名詞のように使われることが多い。事実、入学してからの私は、その「自由」に苦しむようになったから、その通りだろう。

東大には、「進振り（進学振り分け）」と呼ばれる仕組みがある。大学1年生から2年生の前期までの成績をもとに3年生以降の進路が決まる。「理三（理科三類）」や「文一（文科一類）」といった、入学時点で進学先がほぼ決まっている科類（それぞれ医学部と法学部）はあるものの、文学部や教養学部、教育学部、理学部、工学部といったところ、それも希望する学部には、そのまま進めない場合がある。

京大は、入学時で学部学科まで決めている場合がほとんどである。私の進んだ総合人間学部では、文系と理系、それぞれの入試方法がありながら、入学後の進路は「自由」だった。私は、高校のときは理系で、入学してから文系を選んだ。

いや、選んだ、というほどの主体性はない。興味のありそうな科目を適当につまみ食いしているうちに、なんとなく文系ということになっていたので、成績を意識したことがない。

ソーシャルメディアはおろか、インターネットもあまり広がっていない時代だったので、京大についての情報は少なかった。東大に入れるんだったら、京大に行ったほうが楽そう……、というぐらいには、多少の根拠を持てるほどには、高校生にもわかっていた。

今、私が高校生だったら、どうするだろう。京大＝自由、は、だいぶ薄れてきているのではないか。象徴するのが「タテカン」（大学の周囲にあふれていた立て看板）をめぐる動きなのだが、それは追って話をしよう。

京大の「自由」とは何か

しばしば言われる「自由」とは、何だろうか。

ここで記したような、学部や学科、授業科目の選びやすさは、その筆頭だろう。理学部にいた友人は卒業する時に、単位をまとめて申請すれば認めてくれると言っていた。京大卒の私の妻（1983年〜）も、卒業間際に単位が揃っていないとわかり、慌てて1科目を追加登録した。

教員も事務も、ほとんど学生に干渉しない。というよりも学生に関心がないのでは、と疑わせるに十分なぐらい放任だった。

もちろん、20年前の話であり、今は違っているところも多い。いい加減さや放任ぶりを「自由」と呼ぶのなら、その傾向は、だいぶん変わっている。学生もまた、「自由」(だけ)に惹かれて入学してくるわけでもない。

それでも、今なお、京都大学と言えば「自由」、と代名詞のようになっているとすれば、その中身は、何を指すのだろうか。

「不自由」とは何か

「自由」の反対語=「不自由」を例にとって説明したい。

今、私が大学で教えていて、学生にとっての「不自由」さを痛感するのは、授業で出席をとるときである。たとえば、ある大学では、欠席回数が各科目の3分の1、つまり、15回のうち5回を上回ると、単位を認定されないと決められている。

私が学生だったら、これは「不自由」以外の何ものでもない。

しかし、おそらく今の学生にしてみれば、「自由」ではないものの「不自由」ではないように見える。逆に、「出席をとってほしい」、「出席したのだから、その分の努力を認めて、評価してほしい」という声を聞くからである。

出席をとるべきか、とらないべきか。それを判定したいわけではない。

また、私自身にしても、出席＝「不自由」とは言い切れない。出席をとってもらったことに感謝しているからである。

学生時分に出席をとる授業には、ほとんど出ていなかったものの、例外はあった。イタリア語である。イタリア語の先生は、遅刻をすると出席扱いにしてくれず、朗読の順番も飛ばしていた。それだけに、遅れないように行こうという動機づけにはなった。週に2コマ（合計180分）しかなかったものの20年以上が過ぎても、日常会話ぐらいはできる。

出席という「不自由」を受け入れたおかげである。

「自由」と「不自由」は同じ？

あらためて、「自由」とは何を指していたのだろうか。京都大学生だった私にとっての「自由」とは、何だったのか。

先に私は、「自由に苦しむようになった」と書いた。こう書いたときの「自由」とは、学生を放任だけではない。学生をひとりの大人として尊重している姿でもあると同時に、逆に、学生への無関心もあったのではないか。

強く印象に残るのが、指導教員を務めてくださった稲垣直樹先生（1951年〜）の言葉である。

稲垣先生は、私が「自由に苦しむようになった」時期に、何度も話を聞いてくださった。そのときにいただいた、いろいろなアドバイスだけではなく、最も私の心を打ったのが、「鈴木くんがどうしようと、私はどうも思わない」という言葉だった。

ずいぶんと冷たい。聞いた瞬間は心が凍りかけた。しかし、「それは、私が何をしても認めてくれるという意味ですよね？」と聞き返した（はずである）。もちろん稲垣先生は、「その通りで、鈴木くんの人生は、鈴木くんだけのものだから、ほかの誰が何を言おうと関係ありません」と応じてくださった。

これが、私が苦しみ、そして、その後は大変ありがたくもらった「自由」であり、「不自由」でもあった。「自由」と「不自由」は、私にとって背中合わせだったのである。

「自由」な「不自由」、「不自由」な「自由」

サンプルは私だけなので、これを京大生全員に広げられない。

ただ、少なくとも私にとっての京都大学における「自由」とは、自分で決めなければならない「不自由さ」でもあった。どうぞ、自分で決めてください、それは「自由」である。一方で、自分で決める以外にない「不自由」でもある。

先にあげた授業の出席のような「不自由」を自分で選んでいるのだとすれば、それは「自由」を意味しているのではないか。

「自由」な「不自由」、そして、「不自由」な「自由」、その裏表が同時にある。その同時にあるのだと思わせてくれる環境が、京大の「自由」だった。

そう、今から考えれば思えるのだが、もちろん、25年前に入学したときの私には、まったく思い当たる術もない。そして、その術を身につけるまでに、四半世紀を費やすのもまた、「自由」という「不自由」さのなせる技だったに違いない。

東大出身の教授が多い

私にとって大切だったのは、「自由」ひとつではなかった。実は、東京というか、東大出身の教員が多い点だった。

卒業論文の指導を受けた稲垣直樹先生（1951年～）は東京出身、大学院まで東大だった。研究室に押しかけた大澤真幸さん（1958年～）も長野県出身で、学部から大学院、助手（当時）まで東大におられ、京大に移る直前まで千葉大学で教えていた。ゼミで面倒を見ていただいた池田浩士先生（1940年～）は慶應大学出身といったように、たくさんの先生が東京出身だったり、東京の大学、もっと言えば東大OBだったりした。東京の人たちこそ、京大で活躍しているのではないか。

そうはいっても、東大や京大の「教員自給率（自校出身者率）」は高い。それぞれ

図2　東大･京大の「教員自給率（自校出身者率）」（2020年）

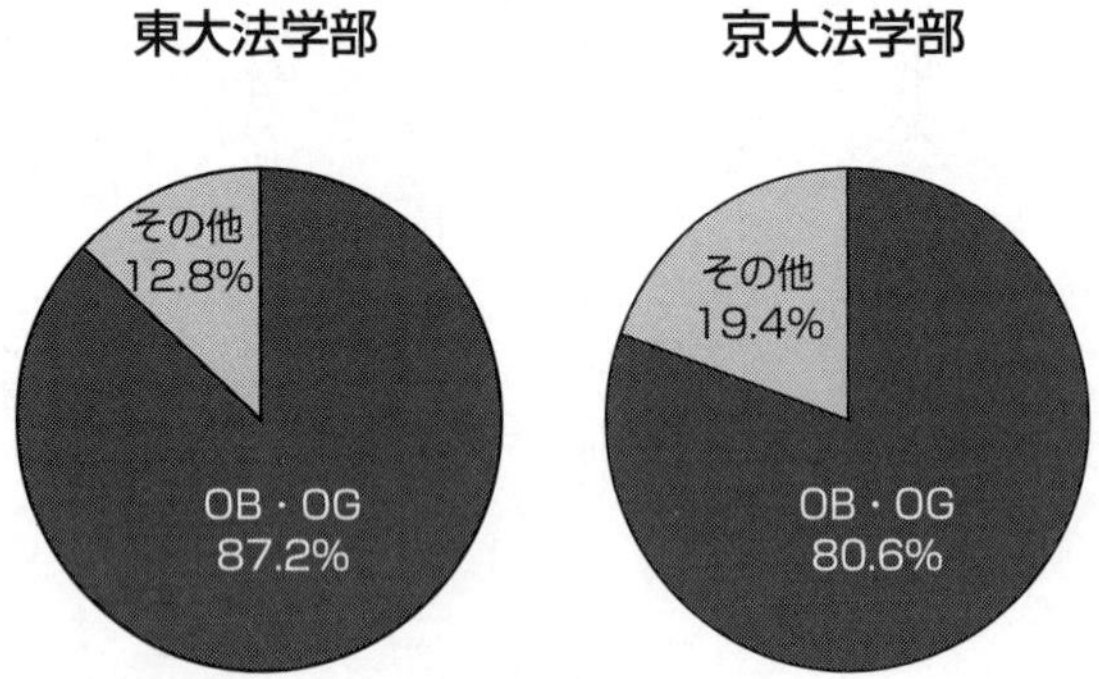

出典：「東大新聞オンライン」https://www.todaishimbun.org/teacherselfsufficiencyrate20200602/

の法学部では2020年時点で、87・2%と80・6%と、ほとんどがOB・OGで占められている（図2）。辛うじて、東大の経済学部が半分を切る（41・9%）程度で、師匠と弟子の濃厚なつながりが、人事に色濃く影響していると見るほかない。

仮に「実力」で採用しているとしても、出身者がそのまま大学に残ったり、戻ってきたりするのは、人材の流動性が低い。

そうした傾向が強いその中で、私が進んだ総合人間学部は、先に挙げたように、京大出身者がそんなに多くないように、高校生のときの私には映った。注目した先生の中にたまたま東大出身者が多かった。そんな私の視野の狭さゆえの偶然なのかもしれないが。

それでも、「自由」な京都大学でも、しがらみや因習が少なそうな学部、という気楽な印象を膨らませるには、高校生にとっては十分すぎた。

入試問題は独特！　いくら書いても構わないし途中過程も加点

入試問題も、東大と京大は大きく異なっていた。

東大は、きちんとしている。画一的というか官僚的で、今もそうだろう。また、国語にせよ数学にせよ、日本史や地理といったいろんな科目について、教養書として出版するネタになるぐらい、良く練られた問題が多い。

京大は、いい加減、とまではいわないものの、少なくとも「採点の心が広い」。25年前に私が受けた入試では、試験監督から「途中のメモは消さないで残してください。そこも見て加点しますから」と言われた。

余談ながらその試験では、運動科学の先生が、教室にいる受験生にストレッチをさせた。今なら、それでも問題になりかねない話だが、その先生は当時こう言い放った。

「このストレッチね、何回かしてから入った人がいます。最大で3回かな。それぐらい受ければ入れるっていうことやから、まぁ、気楽にどうぞ」

受験生の緊張をほぐそうとしたのかもしれない。しかし、言い換えれば、何回も落ちて、浪人して入った人がいる、と言っている。さらに3回も同じ先生が受験監督をする教室に当たる確率は、かなり低い。1浪では済まないし、下手すると3浪以上していてもおかしくはないということになる。

京大を受ける程度の受験生なら、それぐらいはすぐ計算したのではないか。ほかならぬ私がそうだった。

それにビビったせい（だけ）ではないだろうけれど、ストレッチをした受験には落ちて、当時あった後期入試で滑り込んだ。こんな話は古き良き（?）時代の牧歌的な光景として思い出されるのが関の山で、今の入試には、そんな不公平は許されない。

こう書きながら、2011年に起きた京大入試での不正事件を思い出した。受験生が、入試問題を試験中にインターネットの掲示板に投稿し、偽計業務妨害で逮捕された事件である。

予備校に通っていた当時19歳の少年は、親元を離れ、宮城県仙台市で予備校生活を送っていたそうで、その後は、京大受験ではなく、調理師になる夢を語っていたと報じられている(https://www.asahi.com/edu/center-exam/OSK201112270022.html?ref=reca)。

確かに彼の行為は許されないし、犯罪である。それでも京大入試のユルさに照らすと、不正行為に踏み出す気持ちへの同情を禁じえない。ストレッチをさせていたのは四半世紀前とはいえ、あの事件の起きた13年前であっても、のんびりとした雰囲気は漂っていたのではないか。

そう思ったのは、永江朗(1958年〜)の『東大vs京大　入試文芸頂上決戦』(原書房、2017年)を読んだからである。同書には、両大学の入試科目の「国語」で出題された文章題を、年代ごとの変化とともに比べている。それぞれの大学にどんな特徴があるのかは、同書を読んでいただければ良いとして、私にとって重要な思い出は、京大の解答用紙の自由さである。

設問自体が、「説明せよ」のように、ざっくりとした漠然としたものであるとともに、答える紙もまたあいまいで大まかなものだった。東大の解答用紙が、原稿用紙のマス目が用意されていたり、制限字数がきっちりしていたりするのに比べると、京大のそれは、自由でいい加減だった。

こんなところもまた、「自由」というイメージを強めているに違いない。私は、そこに惹かれたのだった。

そうして入った京大は、どんなところだったのか。次章では、それを見る。

第2章　京大と学歴

ほとんどの人は学歴を気にしない＝全員が一定数以上の学力

序章でも書いたように、この本が世に出るということは、多少は「京大」に商品価値がある証である。「東大」ほどではないものの、かといって、私の今の勤め先である「神戸学院大」は、大学名では商売にならない。

どちらが優れていて、どちらが劣っている、そういう話ではない。これまでも、そして今も、日本では、大学入試の偏差値でランキング＝序列がつくられ、それを「学歴」と受け取っている。その「学歴」は京大内では気にされていない。気にするきっかけがないからである。

高校までに、どれくらい「学歴」にこだわってきたかはともかくとして、少なくとも入学試験に合格する学力は、一定以上のレベルにある。大学入学センター試験（今の大学入学共通テスト）の点数を気にしたり、覚えていたりする人はどの程度いただろう。私の記憶している限りでは、入試についての話題は、ほとんど出なかった。

入試の偏差値が高いとされる医学部が偉いとか、反対に教育学部を見下している、などとは聞いた覚えがない。経済学部を「パラ経」＝パラダイス経済学部、と言うらしいと聞いたことはあるものの、そこには良いも悪いもない。そういうものでしかない。勉強する人をガリ勉と揶揄《やゆ》するわけでもないし、しない人をバカ呼ばわりする空気もない。

高校時代も、そんな雰囲気だったので、違和感はなかったとはいえ、このムードこそ京大らしいと言えよう。

もちろん、どの程度「学歴」を気にするのかしないのかは、なかなか計りづらいが。

「京大生、学歴厨多い」説を検証

と、思い込んでいたのだが、そうではないのかもしれない。

「学歴厨」、つまり、学歴への（異様な）こだわりを見せるＹｏｕＴｕｂｅチャンネル「ｗａｋａｔｔｅ．ＴＶ」は、２０２４年７月31日に「京大生、学歴厨多い説を検証！この環境がオレを学歴厨にさせたんや！」と題した動画を配信している。詳しくは、その動画をご覧いただくとして、彼らによれば「説立証」（立証できたの意）だという。

図3　京大の周辺

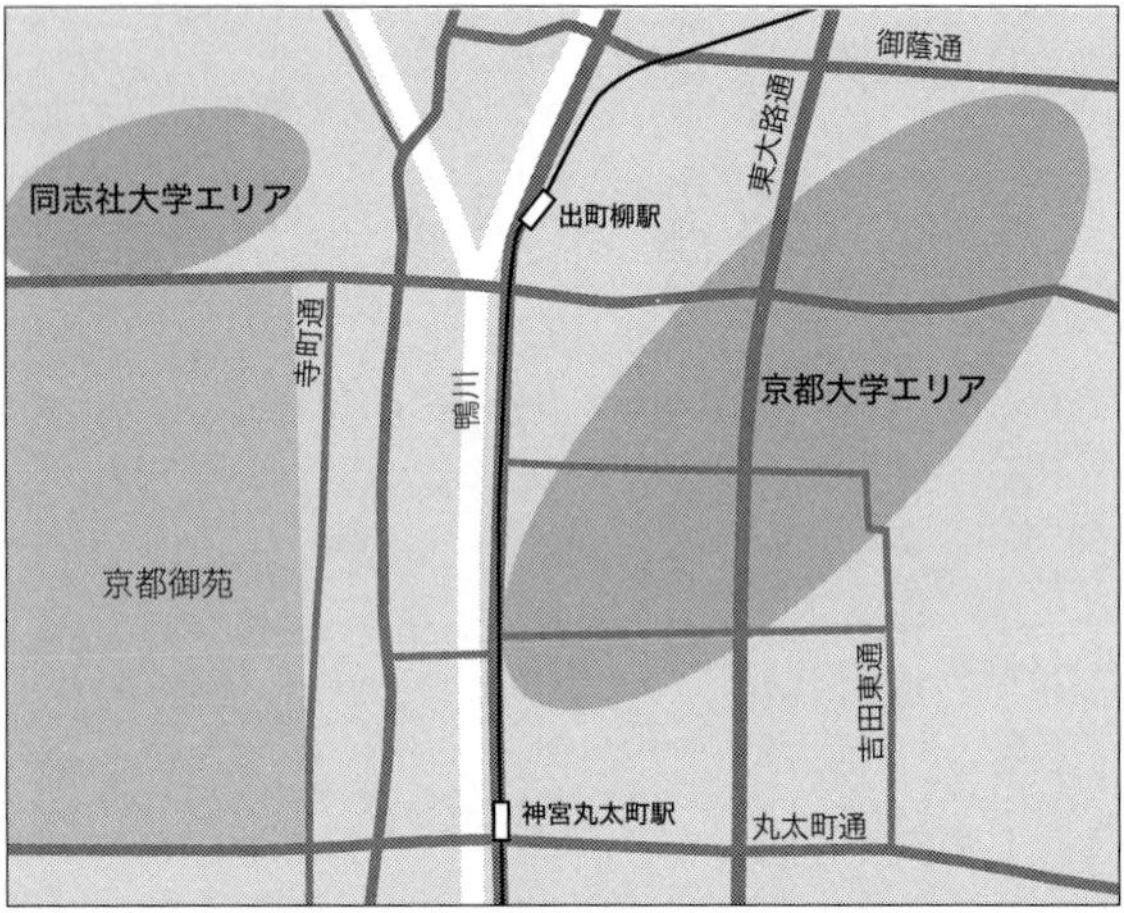

「学歴厨」が本当に多いのか少ないのか。にわかには検証しづらいものの、京大生に多いというよりも、京大を意識する人たちは、一定の数＝この本が売れると見込まれる数はいる、そう見なければならない。

その動画でも触れられているが、京都にある大学の中で、京都大学の近くにある大学は同志社大学ぐらいで、ほかとは離れている。それぐらい敷地が広いし、もともと郊外に建てられている（上図3）。

インカレ（インターカレッジ）＝複数の大学が集まるサークルに入った

り、アルバイトをしたりして、ほかの大学生に会う機会はあるものの、自分たちの「学歴」を意識する機会は少ない。

これは、私が東京出身で、高校までの友人と直接顔を合わせる機会が減ったから、との事情が大きいのかもしれない。実家から通っていたり、地元の人間関係が大きかったりすれば、折に触れて「京大」を意識せざるをえないからである。

ただ、そうした条件をふまえてもなお、東京、それも東京大学と比べると、他大学との交わりは、はるかに少ないのではないか。

佐川恭一『学歴狂の詩』

WEB媒体「よみタイ」での、作家の佐川恭一氏（1985年〜）の連載『学歴狂の詩』は意外だったものの、関西出身者にとっての京大という「学歴」を理解する助けになる。

京都大学文学部を卒業後に作家デビューした佐川氏は、「人はなぜ学歴に狂うのか」をテーマに掲げ、「受験と偏差値の深淵を覗き込む！」として、いろんな同級生たちのエピソードを面白おかしく描いている。同級生というよりも、佐川氏自《みずか》らの学歴コンプレックスのこじらせ具合を、執拗に描写している、というほうが正確だろう。

正直に言って、よく「学歴」についてたくさん書けるな、と感服するほかない。そんな佐川氏であっても、大学在学中には、「学歴」というより「人と点数を比べる機会がなくなるとともに、誰が優秀なのかが見えづらくなってくるのである」と書く（2024年8月15日配信「京大でも別格の頭脳を持ち学問の面白さを教えてくれた中村さん」【学歴狂の詩　第15回】）。

佐川氏が就職活動を取り上げた別の回のように、同志社大学との「学歴」の違いといったことは、京都大学内では、ほとんど意識しない。意識できないし、その機会がない。

ただ、佐川氏のこうした連載が成り立つその背景には、「東大」だけではなく、「京大」もまた「学歴」として広く認識され、PVを集めるきっかけになっている状況がある。先に書いた内容との繰り返しになるが、「京大」が「学歴」としてお金になるから、佐川氏は連載をしているし、私もそれに言及できる。

教員も「学歴」を気にしない

教員の側は、学生に輪をかけて「学歴」を気にしていない。

今は違うのかもしれないが、京大出身者が多い以上、教員が「学歴」を気にする必要がない。京大に入り、京大を出て、そのまま京大の先生になる。そんなコースを歩んできた人たちが、いつ、どんなきっかけで「京大」を「学歴」として考えるきっかけがあるのだろうか。まだ東大卒の先生のほうが、「京大」を相対化できる可能性が高いのではないか。

とはいえ、教員にとって重要なのは研究であり、学歴ではない。自分たちの興味の対象を存分に深められる。それこそが京大の「自由」である、そんな空気は、今もなお色濃い。

キャリアサポートセンターも20年ほど前までなかった

私の在学していた20年ほど前には、就職活動を支援してくれる組織はなく、卒業生の進路すら大学がつかみ切れていなかった。正しくは、組織はあったのだが、それはあくまでかたちの上にすぎず、相談もセミナーも、ほとんどなかったのではないか。

現在でこそ、「キャリアサポートセンター」があり、合同企業説明会をはじめ、充実したプログラムが組まれている。20年前には、なおさら、教員が学生の就活には無頓着・無関心だったし、その流れは学生と共有していた。

佐川氏が書くように、あるいは、それ以上に、京大生の就職はゲタを履いていたからである。

私が在学していた当時は就職氷河期で、就職活動は楽とは言いがたかった。それでも外資系金融機関は、わざわざ京大の近くで京大生限定のセミナー（という名の青田買い）を行っていた。私も参加したそのセミナーでは、サインさえすれば内定をくれそうな勢いだったので、丁重に辞退してきた覚えがある。

他大学との交流はほとんどない

就活でも、孤絶というか孤立したありさまなので、アルバイトをしない限り、他大学との交流はほぼない。これが、京大を「学歴」としてとらえなくなる、最も大きな要因だろう。アルバイト先などで他大学の人と会ったとしても、京大生は、私が学生だった20年ほど前には、明らかに異質な存在であり、敬して遠ざけられていたからである。

京大生＝頭が良い（テストができる）、というよりも、そのころは、もっと「変人」イメージが強かった。ペーパーテストはできるかもしれないけれど、それに伴って、日常では非常識なのではないか。そんな印象が異質さとして受け止められていたのだろう。

また、大学の部活も同じ傾向がある。以前は、アメリカンフットボール部、通称ギャングスターズ（ギャング）が日本一になるなど強豪だったし、硬式野球部もそれなりに強い。東大野球部が、しばしば長い連敗のトンネルに入り、話題になるのとは異なり、却《かえ》って耳目を集めにくい。

結局は、そうした、世の中から取り残された、というか、あまり顧みられない、あるいは接点のない環境が、「京大」を「学歴」とは思わせてくれないのではないか。

「京大」という「学歴」

私に限らず、多くの京大生が「京大」という「学歴」の恩恵を受けているのは確かだろう。

私は大学を1年休学して5年通った。就職氷河期の末期だったものの、当時人気のあった関西テレビ放送に入社できた要素として、「京大」は大きかったに違いない。「京大」だから入れた、というよりも、京大生も採用しておくか、ぐらいの感覚だったと想像しているが、それでも、「学歴」のおかげである。

まさに、この本を書いているのは、「京大」という「学歴」のもたらした僥倖《ぎょうこう》と言わねばなるまい。

ただ、この「学歴」は、世間一般で言って、どのくらい有効なのだろうか。

たとえば、「学歴」が効いてきそうな政治家、それも、総理大臣は2人しかいない。太平洋戦争時の近衛文麿（1891〜1945年）と、戦後の「所得倍増論」で有名な池田勇人（1899〜1965年）である。

ほかにも、政治家全体の数を見たり、中央官庁の事務方トップ＝事務次官の数を調べたり、といった測り方はありえるが、まずここで考えたいのは、京大生や出身者にとって「京大」という「学歴」がどんなものなのか、という当事者感覚である。

何のための「学歴」？

なるほど、「京大」は「学歴」として、就職には有利に働く（面が多い）。大学受験勉強に勤しんできた、その忍耐力や理解力といった「能力」を示すシグナリング効果がある。その効果＝ポテンシャルをもとに、企業や官庁は採用してくれる。

ただ、当の本人においては、どうだろうか。

利用できるなら、いくらでも使えれば良い。そんな考えのほうが多いのかもしれない。せっかく「学歴」を身につけたのだから、高く売れるところに売るのが正解といえよう。中学受験に血道をあげる親は、この「高く売れる」、すなわち高収入や社会的ステータスの高さを目指している場合がある。

とはいえ、本書で言う「京大思考」とは、そうした実利的なものとは相入れない。というか、実利が頭にないのではないか。

損か得かで判断するのではなく、「やむにやまれず」であったり、「なんとなく」であったりする。それを本書では「京大思考」と呼んでいる。一筋でほかは目に入らない、とも言えるものの、能天気というか、ボケている側面もある。

「学歴」が重要だとすれば……

そもそも「学歴」は、人生のためでも、収入のためでもなく、結果として後からついてくるものなのではないか。

だからこそ、気にしないために、そこにこだわらないためにこそ、「京大」という「学歴」をクリアしておきたい、それが、京大生や出身者にとっての位置づけなのではないか。この点において「学歴」は重要である。

この章の冒頭で、「ほとんどの人は学歴を気にしない」と書いた。言い換えると、「学歴を気にしないために、受験勉強をしていた」のである。「学歴」に足をすくわれないために「学歴」が重要なのである。

「学歴」で、つべこべ言われないために、片付けておきたい。それが、「京大」という「学歴」をめぐる、京大生や出身者の立場にほかならない。

次章では、より具体的に、京大生の生活(といっても20年前だが……)をもとに、「京大思考」が生まれる土壌を検証しよう。

第3章　京大の生活

議論はエンドレス

序章で書いたように、石丸伸二氏に言及したプレジデントオンラインのコラムで、私は京大生の議論の特徴を「堂々巡り」と書いた。結論を出せないのではなく、出そうという気がないし、出さないのが悪いとも思っていない。少なくともそうした感覚を持っていた。

この感覚を生み出す要因は京都大学の地理、さらには、京大生の住環境にあったのではないか。

そもそも学生も教員も大学の近所に住んでいるので、終電を気にしない。夜に移動する必要がほとんどない。20年前はまだ朝まで営業している飲み屋がたくさんあったし、大学も24時間出入りできた。話を続けようと思えばエンドレスである。大学に近い鴨川べりに行く人間もいたものの、私には飲み屋で延々と話を続けた記憶ばかりである。

東京であれば、東大にせよ、早稲田や慶應でも、こうはいかない。あるいは、都市圏以外や、京都のほかの大学でも、終電の縛りはないかもしれないが、それでも議論を止めようとは思うに違いない。

石丸氏がどうかはわからない。私の周りに漂っていたのは、話をまとめて終わりにしようとするよりも、むしろ納得するまで続けよう、続けなければならない、続けないでほかに何をするのだ、と言わんばかりの「ユルさ」だった。

食事は学食、買い物も学内で大学の構内から出ない

その「ユルさ」は、夜に限らない。

昼ごはんに限らず、朝ごはんや、夜ごはんも、学食でとる人ばかりだった。理系の研究室が不夜城と呼ばれるのは、どこの大学でも共通するようだが、京大の場合は、帰れないというよりも、みんなが無意識に帰らない。帰ろうとしなかった。

本は生協の書籍部で買い、日用品やおやつも、もちろん生協で済ませるから、大学の構内から出る必要に迫られない。西部講堂という劇場・集会場の周りにはサークル部屋がたくさんあり、あえて外に場所を求めなくても良い。いや、外に出ようという発想そのものが出てこない。

これが都心の大学だったら、キャンパスを出て近くの繁華街やターミナルで遊んだりするのだろう。しかし、広大な敷地から出てもそういったものはない。朝から晩まで、さらに土日も長期の休みも、ずっと大学にいる。それが京大生の生活であり、エンドレスな議論を続ける「京大思考」の土壌になっているのではないか。

教員が時には朝まで飲みに付き合う

教員もしばしば飲みに連れていってくれた。

大昔なら祇園に同伴してくれたのかもしれないが、「時代が変わったから」だけではない。大学の近くで教員もまたエンドレスの話に付き合ってくれた。

最低限の礼儀はあった(と信じたい)が、それでも、ほかの大学と比べれば、はるかに失礼というか、フランクだったに違いない。

教員にとっても大学生や大学院生は、弟子という側面よりも「ひとりの知り合い」、ないしはその分野を研究するライバルとも見ていたのではなかったか。酒の席で一緒になっても、それ以外でも「先生」との呼称よりは、「さん」付けが多かった。そう呼べる感覚だったというのも、その証だろう。

「授業に出ない」が普通だった

そんな調子なので、授業にあまり出ない(のが普通)とされてきた。私の在学中に、「5月の連休明けでも人(受講者数)が減らない」と教員が嘆いていたくらいだ。ただ、前述したようにそれから25年が過ぎた今では、もっと多くの学生が授業に出席しているのだろう。

25年前ですら「教室に人が多いですね」と驚く教員もいたので、京大では授業を聞く習慣はメジャーではなかった。授業を聞くぐらいなら、各自で勝手にする。勉強をしようが、サークルに熱中しようが、何だろうが構わない、これが学風だった。

その認識を教員も共有していた。

授業はわからないのが当たり前

となると、授業は難しい。教員側はわからせる気がないし、わからなくても良いと思っている。下手をすると「わからないほど良い」とすら考えていたふしもある。

京都大学を明らかに舞台にしている、絹田村子のマンガ『数字であそぼ。』(小学館、2018年)では、こうした、京大での「わからなさ」が、理学部数学科を舞台に、良く描かれている。

作中では「吉田大学」と表記されている大学では、学生がわかろうがわかるまいが、教員には関係ない。もしくは「わからない」と言われるほうが良い。学生ごときに簡単に理解されないレベルの高さを裏書きすることになるから、「なお良い」ということになる。

マンガ同様、京大の教員はそう考えていたのかもしれない。学生は「わからないのが当たり前」と思うしかない。

こうなるとまた「学歴」をめぐるコンプレックスは醸造されにくくなる。わからないのが基本である以上、焦る意味も、劣等感を抱くこともないからである。

『数字であそぼ。』では、主人公の横辺建己が、「昔から学校の勉強なんて簡単だった」と思い出すシーンで始まるが、わずか11ページ後では、数学（微分積分学）の講義について、「考えてもないし　理解もできていない」と落ち込む。「思えばこれが人生初の挫折であった」と振り返り、シーンは、「2年が経った」とのト書きを経て、3年生に進学する直前の3月に移る。

多くの京大生も、これがデフォルトだったのではないか。

私もまた、これに近い体験をした。ここで重要なのは、こうした「挫折」を経たとしてもまた「学歴」をめぐるコンプレックスは醸造されにくい、という点である。わからないのがデフォルトである。それよりも、もっと根本の部分で、自分自身が学問に対する向き不向き、さらに大きく言えば、生きていくことそのものへの適不適を考えさせられる。

ゼミはカラオケ大会

京都大学で私が参加していたゼミの特徴は、カラオケ大会との印象が強かった。

人の歌や発言は聞かず、自分が滔々《とうとう》としゃべる、というか、演説をする。話の流れを見つけるのは難しく、思いついたことを、思いついたタイミングで話していた。

ほかならぬ私自身が、そうだった。学部生から博士課程まで同じゼミというか場所に出ていたのに、尊敬どころか最低限の礼儀もないまま、知識もなければ、勉強もしていないのに、勝手な思い込みを並べ立てていた。

中でも最も恥ずかしいのが、ドイツ文学の池田浩士先生（1940年〜）のゼミでのことだった。例によって、どなたが何について発表をしたのか覚えておらず、無礼を上塗りしているのだが、自分の恥は強く覚えている。

そのころ、聞きかじったばかりの「仕掛けの露呈」というドイツ演劇の概念を持ち出して、池田先生の前で知ったかぶりをした。「仕掛けの露呈」とは、ドイツの劇作家ベルトルト・ブレヒト（1898〜1956年）が唱えたもので、ナチスドイツの専門家である池田先生から見れば、学部生が生半可な知識で振り回せる概念ではなかったに違いない。

それなのに、あるいは、それゆえにこそ、池田先生は、ニコニコとした表情で、「鈴木さんには、これから『仕掛けの露呈』について大論文を書いてもらいたいですね」と言ってくれた(ような気がする)。

池田先生のゼミでは、ほかにも、ロシアアヴァンギャルドについても、大ボラを吹いた記憶もあって、今の私が当時の私と同席したら殴りたい。

ただ、ここで伝えたいのは、私の恥ずかしさよりも、そんな生意気な学部生も放っておいてくれたり、認めてくれさえしてくれたりする、そんな懐の深さである。

確かに、人の話を聞いておらず無関心だからこそ、先生からしても、「ああ、またイキってんなぁ」という、取り立てて腹を立てる筋合いでもなかったのだろう。「京大生あるある」にすぎないからである。

権威主義的ではなかったし、「学部生の分際で」などという押し潰そうとする空気はなかった。

ただ、そう思ったのは、私が鈍感だったからにすぎず、周りはヒヤヒヤしていたのかもしれない。空気を読めない無礼な奴がいる、と思われていたはずなのに、私に面と向かって、そう言ってくれる人はいなかった。

ゼミはカラオケ大会なので、盛り上がれば、丁々発止、談論風発に見える。一方で、発表がまとまっていなかったり、逆に、完璧すぎたりすると、一転してお通夜状態になる。そんなゼミも少なくなかった。

先生を「さん」で呼ぶ学生

京大では、先生を「さん」付けで呼ぶ。少なくとも、京大の人文科学研究所、通称「人文研」では、今もなお、原則、誰であっても「さん」付けしている。

「さん」付けをしたからといって、軽く見ているわけでも、バカにしているわけでもない。反対に、それなりの敬意をあらわしていると思われる。私は、面と向かっても「さん」で呼んでいた。

ただ、なんとなく「さん」よりも「先生」と呼びたくなる、ないしは、呼ばざるをえない雰囲気を持っている人ばかりだった。実際に、「さん」で呼んでいたのは、人文研の教員以外では、社会学者の大澤真幸さんひとりだった。

人文研の教員といっても、私に付き合ってもらえたのは、フランス文学者の大浦康介さん（1951年〜）だったので、一般化しづらい。

大浦さんは、稀代のフランス語の使い手で、フランス語ネイティブから「フランス人よりもフランス語がうまい」と言われていた。専門は文学理論、それも、ジェラール・ジュネット（1930〜2018年）という難しい学者の理論を読み解いていた。また、中上健次（1946〜1992年）をフランス語に訳しており、京都大学のフランス文学者という、由緒正しい肩書きそのままの人物のように見えた。

授業に出てみると、10人にも満たない少人数相手に、そのころにフランスで話題になっていたauto-fictionをフランクに講じていたし、何より、たびたび飲みに連れていってくれた。

飲み屋さんでの頼み方は決まっていた。「メニューの端から端まで全部」というもので、学生にとってはありがたい限りで、遠慮なくたくさんいただいたし、何度もご自宅にお邪魔した。

ある冬休みには、「ロメオ」という名前の飼い犬のお守りに、鍵を預かって通わせてもらったし、私が大学を出て働き始めてからも、何度もお世話になった。

大浦さんは私ひとりを特別にかわいがってくれたわけではない(はずだ)。もっと言えば、京大には大浦さんのほかにも、彼と似たような先生がたくさんいた。

コロナ禍を経た今の学生にとっては、そんな先生たちは都市伝説になっているのかもしれない。

京大の都市伝説・吉田寮

京大の都市伝説といえば、吉田寮がその筆頭として挙げられよう。

「現存する日本最古の学生寮」として、5年前には写真集(平林克己『京大吉田寮』草思社、2019年)が出版されるほど有名である。とはいえ、京大に興味を持っている人以外には、その存在が知られていない。

吉田寮は、その名前の通り、京都大学のある地名＝吉田本町に由来していて、1913年に建設されている。そのウェブサイト(https://yoshidaryo.org/brief-history/)によれば、1897年の京都大学創立当時から学生寄宿舎があり、第三高等学校から譲り受けた寄宿舎の木材を再利用したのが、今の吉田寮だという。

当初から運営は、学生の自治に委ねられていたという。寮の決まりや、入寮の基準、さまざまな事柄を学生自ら決める。多分に、京大生らしさと通じる要素が、吉田寮にはある。

「都市伝説」と呼んだ理由も、ここにある。

私が入学した1999年の時点で既に老朽化に伴う取り壊しや建て替えが取り沙汰されてきた。

いや、「取り沙汰されてきた」というのは、吉田寮の当事者から見れば不正確なのだろう。先に触れたウェブサイトには「吉田寮小史」として、「吉田寮の歩み」が記されている。特に、1971年以降の大学側の意向とそれに対する動きが、吉田寮の観点から事細かく書かれている。吉田寮についてどう考えるのか。それは、そのウェブサイトをご覧になるなどして、個別にご判断いただきたい。

それよりも、数回しか足を踏み入れたことのない、私のような大多数の京大生には、吉田寮とは都市伝説のような存在だった、それを伝えたい。少なくない学生が、吉田寮があるとは知っているのだが、入ったことはもちろん、そこに住む人とも接点がないからである。

2018年にNHK BSプレミアムでテレビ放送され、のちに映画化された『ワンダーウォール』がこの都市伝説化に拍車をかけている。これは京都の歴史ある学生寮の存続をめぐって大学側と対立する学生たちの青春映画で、舞台は京大吉田寮にほかならない。ストーリーもあいまって、関わりのない学生にとっては、敬して遠ざけるもの、というイメージが強まっているのではないか。

状況は西部講堂も同じである。

京大生もほとんど見ない西部講堂

西部講堂は、京都大学のシンボル＝時計台のある校舎の西側にあり、1937年、当時の皇太子（上皇）の誕生を記念して建設され、1963年に今の場所に移されている。その後、村八分をはじめとする、伝説的なロックバンドの舞台となり、1972年には、屋根には青い空と白い雲、3つの赤い星が描かれている。この星が何を描いているととらえるかは、政治的な立場によっても違いがある。

1975年から今にいたるまで、「せいれんきょう」と略される「西部講堂連絡協議会」が運営にあたっている。その点も含めて、吉田寮と共通する都市伝説的な位置づけといえよう。京都大学にいれば、西部講堂を必ず知っている。その反面、私自身、学生時代に入ったのが数回にとどまるし、同じような学生・卒業生は少なくないとみられる。

京大生の生活インフラ

そんな都市伝説とは無縁の学生を支えるのは、アルバイトである。

私の在学中まで半世紀にわたって行われていた、「学生生活実態調査」を見よう。調査をまとめた、2003年度の「京都大学学生生活白書」(https://www.kyoto-u.ac.jp/contentarea/report/h15/hakusyo_h15.pdf)によれば、アルバイトを《定期的に毎月した》(原文ママ)者の割合は、38・7%と多くはない。職種は《家庭教師》《学習塾講師》の割合が高い。

肉体労働や販売・サービスに従事していた学生も半分いる。裏を返せば、過半数の学生は、不定期に家庭教師や塾講師をしていただけで、いわゆるアルバイトをしている割合は少ない。

先に京大における都市伝説的な存在＝吉田寮・西部講堂を挙げた。京都大学の外の世界＝社会にとっては、京大生そのものが同じような、つまり都市伝説めいた扱いなのかもしれない。

京大は現実としてそこにあるし、「京大生」という学生も確かにいる。ただ、京大は、東大とは異なり、文教地区にあるわけでも、街の中にあるわけでもない。アクセスも不便で、観光地からも離れている。京都大学そのものも、観光の目的地としては、魅力に乏しい。

最近のデータ(https://www.highedu.kyoto-u.ac.jp/wp-content/uploads/2022/06/Report.pdf)を見ても、アルバイトを「十分行えた」「行えた」と答えた京大生は合わせて63％にとどまる。4割弱の学生は、コロナ禍の影響があるとはいえ、アルバイトにそこまで注力していない。

京大生の生活がもたらす「京大思考」については、あらためて触れるとして、京大生が大学の外と接点をあまり持たない点を強調したい。

住んでいる場所も、２００３年のデータでは、61・6％の学生が吉田キャンパスを中心に2キロメートル以内に住んでいた。大学と下宿（マンション・アパート）を、だいたいは自転車で行き来するのが生活の大部分であり、それ以外の人たちと交わらない確率が高い。

男女とも服装にほぼ気をつかわない

だからなのか、京大生は、男女ともに服装に無頓着だったと言って良い。どちらもTシャツにジーパン（デニムパンツ）ばかりで、こだわりは見られない。iPhoneを産んだスティーブ・ジョブズが服装選びに頭を使いたくないために、毎日同じ格好をしていたのは知られているが、京大生はどうだったのだろう。

私も、適当な服をデタラメに着ていただけで、意識していなかった。先に触れた通り、京大生は、定期的にアルバイトには行かず、自転車で通学する。おしゃれをしていたら、周囲から浮く。雨の日などは服が汚れるからシンプルになる。

いや、私は浮くとも、汚れる、とも考えていなかった。服装を気にする必要があるとかないということすら、頭になかったのではないか。

同じ京都でも、京大以外の大学生は、かなりの割合で電車やバスを使う。大学時代の私のようにヨレヨレのシャツで乗るのは憚《はばか》られたに違いないし、女子にいたっては尚更だっただろう。

別の大学から大学院に入ってきた先輩が、『銀河鉄道999』のメーテルのコスプレを時折していた覚えはある。それ以外は、無理やり記憶を掘り出そうとしても思い浮かばない。かろうじて入学当初、当時はまだ珍しかった日傘姿の学生を、思い出せるくらいである。

そんなファッション以前に、服装に興味がない京大生が浴びせられていたというか、自嘲していたのが「イカ京」という言い方だった。

昔は「イカ京」恐怖？

「イカ京」という言葉がある。「いかにも京大」の略称である。ダサい、という隠喩を含んでいた。空気を読めないとか、変わっているといったニュアンスであり、私の入学時には避けたい呼ばれ方だった。

私の入学から半年後に、当時、京大の教育学部で人気教授だった竹内洋氏（1942年〜）が「『イカ京』恐怖」という表現を使っている。雑誌『中央公論』1999年9月号に掲載された「教養からの逃走　東大生・京大生の延命戦略」という論文の中で、竹内氏は、「イカ京」恐怖があるから、京大生が、教養を身につけようとせず、普通さを目指すようになっている、と述べていた。

竹内氏の授業には、モグリで一度だけ出た。

教育学部の1階にあった広めのフラットな段差のない教室で、旧制高校生の生活について話していたと思う。夏目漱石について触れる中で、「東京の地名とかは、東京に住んでみんとわからんわな。でも、反対に、古文は京都のほうが有利なんやけど。ただ、その有利さは、大学受験のときに意味があるんで、キミらには、もう無意味かもしらんけど、そういうのが大学で大事なのかもしらんわね」というような口調だった気がする。

竹内氏はおそらく、京大らしい、もしくは京大の先生らしい姿を多分に意識していたのだろうけれど、当時の私は、あまり馴染めなかった。今も、フィットできていない。

その遠因が、この1999年の論文、それも「イカ京」の使い方だった。「イカ京」という言葉は知ってはいたし、周りでも自嘲気味に使ってはいた。ただ、これまで書いてきた通り、周りからの視線は気にならなかった。「イカ京」と呼ばれるのが怖い/怖くない、ではなく、無頓着で鈍感だったのである。「『イカ京』と呼ばれるのが怖いから勉強をしない」。わかりやすい解説に見えるが、私の実感には合わなかったし、今も合わない。最近では、京大生は「イケ京」(イケてる京大生?)と言われているらしいが、それについては、よく知らない。いつ変わったのだろうか。

ともかく、竹内氏の見た「イカ京」恐怖への違和感こそ、「京大思考」の賜物ではないか。そう考える理由を、次の章で考えてみたい。本書で重要なのは、そう変わった経緯よりも、20年前の私の思い出をもとに、「京大思考」を論じることである。

京大生と「生活」

京大生にとっての「生活」とは、良くも悪くも、こうしたものでしかない。食事にこだわらず、授業には出ず、アルバイトに打ち込むというほどでもない。ファッションも意識しない。

では、何をしていたのだろう。

そこに「京大話法」のエッセンスがあったのではないか。

良い成績をとるための「勉強」ではなく、それぞれが、おのおのの思いや考えを、他人の目を気にせずに、エンドレスにしゃべる。異性の目を気にしなくはないが、「イカ京」と言われるか否かも、あまり頓着しない。

「普通」の大学生かどうかを、少なくとも私は、ほとんど考えたことがなかった。

話のネタがつきないように本を読み、気の済むまで話をし、結論が出ようと出まいと、どうでも良かった。大学に入って、そうした時間と空間が、無限に広がっているように思えた。この感覚は、すでに書いてきたように、石丸伸二氏にも通じているのではないか。

堂々巡りで、何度も振り出しに戻ったとしても、いや、戻るほうが面白かった。ぐるぐると議論は回り、結論を出すつもりもない。そんな話を続けていれば、「生活」への関心は、ほとんど生まれない。

そもそも、京大生に「生活」はあったのだろうか。

「生活」らしくない「生活」

大学生なら昼夜逆転は珍しくないし、昼まで寝ていて、おもむろに起きたら、もう授業は終わっていた。そんな経験は京大に限らず、大学生にはありふれたものである。

「生活」とは思えないまま、つまり、自分が社会のなかで生きているという感覚を持てないまま、世界からも浮いているように生きていたのではないか。食べ物どころか、お金にも執着していない（ようにデータが示している）ということは、生きる意欲そのものを疑うのに十分ではないか。

堕落するほど偉い、とまで気張ってもいなかったし、外の目を考慮しなければ自然に「生活」らしさを失っていく。

こう書いているのはもちろん、20年を経た後付けであって、あの頃は、朝まで起きていても、特別だとも変わっているとも、何も思っていなかった。粋がっているのではない。ただただ、気にしていなかったのである。

そもそも、こうした考え方は、どうやって生まれ、どこに特徴があるのだろう。

この「そもそも」論を、次章で考えよう。

第4章　「京大思考」とは何か？

「そもそも」論が大好き

京大生は「そもそも」論が大好きだ。そう書いたが、いったい、京大生自体、「そもそも」どんな存在なのか。

序章でNHKのエグゼクティブ・ディレクターの福原氏による、Xへの「少なくとも私がいたころはこんな話し方をする学生はいなかった」との投稿に、なぜ、「いなかった」と断言できるのか、と私は難癖をつけた。

この批判めいた文句は、そのまま私に跳ね返る。

京大生は「そもそも」論が大好きである、となぜ断言できるのだろうか。さらに言えば、「そもそも」論とは「そもそも」何を指しているのか。学者、狭く考えても哲学や倫理学、あるいは経済学や社会学といったさまざまな学問は、「そもそも」を問う営みではないのか。

こう考えていくと、「京大生は『そもそも』論が大好き」という根拠は薄く見えるし、「そもそも」この文章そのものが成り立たないように思える。

しかし、それでも京大生らしさ「のようなもの」は、どこかにはあるのではないか。

すでにおわかりのように、こうした議論というか、ぐるぐる回りが「そもそも論」であって、私が京大でしばしば体験してきたことだったのである。

ある日の我が家の会話から

まったくの私事でお恥ずかしいのだが、私は、京大の後輩と結婚している。在学中に知り合ったので、20年以上、生活を共にしている。日々の暮らしも、「京大話法」に毒されている。

たとえば、と書こうとした今、妻とした会話を再現しよう。

夫(私) きょうの夕ご飯は、カレーにしようと思うんだけど、甘口と、中辛とどっちがいい?

妻 Aちゃん(子どもの名前)次第じゃない?

私 Aちゃんは、たぶん甘口。

妻 じゃあ、選択肢はないよね……。

私　そもそも、夕ご飯はカレーでいいのかな？

妻　え……。

一時が万事、とまでは言わないものの、この部分を書こうとしていて、私がいつまでも、この「そもそも」論に拘泥しているところに気がついた。

いや、気がついた、と書いている時点で、ボケている。このボケぶりが、「そもそも」論へのこだわりに通じている。

「京大話法」に変換すると

たとえば、次の会話を「京大話法」に変換しよう。

妻　今日の夕飯のお味噌汁、具は何がいい？

夫　何でもいいよ。豆腐とかあればそれを入れればいいんじゃない？

妻　冷蔵庫にはネギがあるから豆腐とネギでいい？

夫　具は2種類だけ？
妻　ほかに何が欲しいの？
夫　油揚げとかどうだろう。
妻　油揚げはないけど買ってこようか。
夫　俺買ってくるよ。

このやりとりを「京大話法」にすると、次のようになろうか。

妻　今日の夕飯のお味噌汁、具は何がいい？
夫　お味噌汁って、出汁は取るの？
妻　そりゃ、出汁を取らないと、お味噌汁にはならないんじゃない？
夫　いや。鶏肉を具にすれば、出汁なくてもいいかなって。
妻　鶏肉で出汁を取るのは難しいんじゃない。
夫　取れるときもあるでしょ。手羽先とか入れれば。

妻　じゃあ、手羽先を買ってきてもらえる？
夫　手羽先を買うならスーパーじゃないほうがいいよね。
妻　任せるけど……。

と、ここまでで、もともとの会話にあった「油揚げを買ってくる」ところから、遠く隔たっている。隔たったという意識は、もちろん当事者にはない。夫、つまり私だったら、この後の会話は、手羽先を買うなら精肉店であり、精肉店に行くなら、お味噌汁の具以外の献立も考え直そうとする。

「そもそも」論とは、そもそも何か

先の会話のポイントは、話を大きく逸らしている夫だけではない。ふたりとも、「お味噌汁」の定義、「そもそも」論を無意識に持ち込んでいる妻にもある。

「出汁を取らないと、（そもそも）お味噌汁にはならない」。こう、妻が返したために、その後のやりとりは、具材に何を入れるのかではなく、出汁を取るにはどうすればよいのか、という、ぐるぐる回りへと展開していく。

これも繰り返しになってしまうが、私自身、こうした会話を苦痛だとはまったく思っていない。むしろ当たり前だととらえている。

仮に先の会話の場面が、スーパーに移ったときを考えよう。

（スーパーにいる夫から電話）

夫　油揚げ買おうと思ったんだけど、今日は小松菜が安いんだよね。

妻　油揚げはやめて小松菜でいい？

夫　構わないよ。じゃぁ小松菜買って帰るわ。

「京大話法」にすると、次のようになる。

夫　油揚げを買おうと思ったんだけど、油揚げって、なんだかお味噌汁の具としては邪道な気がしてきた。

妻　邪道って何？

夫　あまり食べ応えがないし、手抜きにも見えるし、出汁との相性も難しいし。

妻　食べ応えがあるかどうかは、人それぞれじゃない？

夫　食べ応えの定義にもよるよね。

妻　手抜きをしているのは、誰？　買い物しているあなた？

夫　どちらも？

妻　ほかの具にするってこと？

夫　いや、やっぱりお味噌汁じゃなくて、鶏がらスープにして、参鶏湯《サムゲタン》風にしたらどうかな？

妻　参鶏湯にするなら、結局、メインを変えないと合わない。

夫　メインは、なんだっけ？

先にあげた妻と私の日常会話でも違和感はない。というよりも、こういうやりとりを20年以上続けてきたから、私にしてみればリアリティがあるのだが、読者にとっては、作り話に見えるかもしれない。

ただお伝えしたいのは、「そもそも」論、とは、「そもそも」何なのか、私自身がわかっていない、そのボケぶりにほかならない。

「そもそも」論だとは思っていない!

このため、私を含めて「そもそも」論だとは思っていないし、「議論」ともとらえていない。日常会話そのものなのである。

京大生を特徴づけるとすれば、ふだんの会話に違和感を覚えない、無頓着さ、というか、鈍感さといえよう。メンタルが強い／弱い、以前に、あまり考えていない。誰に何を思われているのか気にしない。前章で取り上げたゼミの様子に象徴されている。「概念」や「定義」について、堂々めぐりで議論を続ける。

大学1年生のとき生まれて初めてのアルバイトをしたのだが、「上司は仕事ができない」と友人に話した。軽い世間話(愚痴)のつもりで、何も深い意味はなかった。

友人は、「『仕事ができる』って、どういう意味?」と返答してきた。いや、もっと強く、「その『仕事ができる／でけへん』って、誰が、どうやって決めるん？」というニュアンスで友人が反応した覚えがある。

これに対して私は気楽な会話もできないのか……と腹を立てたわけではない。「言われてみれば確かに……」と、納得し、あらためて疑問を抱いたのだから、私もまた、こうした会話に染まっていた。

染まっていたというよりも、染まるような素質を「そもそも」持っていたから、京大を志望したし、入った後も、同じような会話をためらわず続けていた。

「そもそも」論で言えば、私が大学のころに受講した間宮陽介先生（１９４８年〜）のゼミを思い出す。日本銀行によるゼロ金利政策をめぐって、「金利って何？」とか、「なんで貨幣には価値があるの？」といった、禅問答というか、「そもそも」論を90分、時間いっぱい考えていた。

もったいないことに、ゼミへの参加者は5人もいなかったし、そのうち1人は博士課程の方だったので、勝手な発言をしても許された。少人数なので、許す以外の選択肢は、間宮先生にはなかったのだろう。

間宮先生は、『丸山眞男　日本近代における公と私』（筑摩書房、1999年）や『市場社会の思想史　「自由」をどう解釈するか』（中公新書、1999年）を出されたばかりで、朝日新聞の論壇時評の執筆者を担当されているころだった。

日本のリベラリズムだけではなく、知識人の代表ともいえる丸山眞男（1914～1996年）を読み、当時はまだまだ確固たる権威だった朝日新聞で健筆を振るう。間宮先生はそんな、いわば「偉い」先生だったものの、学生に対してはものすごく親切だった。いや、私が厚かましすぎて、間宮先生の権威を感じ取れなかったのかもしれない。

それでも、時間を気にせずに、利子をはじめとして、中央銀行の役割、政府の政策について、根本から考える経験は、いかにも京大だった気がする。

「変人」と言われると嬉しい

2019年に、酒井敏（1957年～）など数人の著者による執筆のほか、当時の京大総長だった山極壽一の対談を収録した『京大変人講座　常識を飛び越えると、何かが見えてくる』（三笠書房）が出版された。

京大の「『自由の学風』や『変人のＤＮＡ』を世に広く知ってもらうために発足した公開講座」を書籍化したものだというが、京大＝変人であって、わざわざ「変人」を自称するのは「らしくない」。

率直に言って、「変人」は、自分を「変人」とは言わないのではないか。「変人」とは、周りから浮いていたり、馴染めなかったりするために、否応なくそう呼ばれる。わざわざ自分から周りに誇らない。誇れないし、誇るべきではないし、そもそも「変人」とは、ほとんど思っていない。

ただ、「変人」と言われると嬉しいのかもしれない。ただ、「凡人」と呼ばれたいか、「変人」と言われたいかと問われたときに、あえて選ぶとすればぐらいのレベルではないだろうか。

先に挙げた間宮先生もまた、それなりの「変人」に入っただろう。関東にもお住まいだったので、毎週、新幹線で京都と行き来をされていたのだが、ほぼデッキに立ったままだと伺った記憶がある。当時は、今よりチケット入手がはるかに不便だったとはいえ、それでも、間宮先生は、時間に間に合わないのがデフォルトだった（とおっしゃていた記憶がある）。

また、部屋は「汚部屋」というか、なんというか……。汚いわけではないのだが、ともかく書類で足の踏み場がなかった。研究室のドアを開けると、書類が散乱していて、ソファは座る余地がない。

一度、「掃除を手伝いましょうか？」と聞いたときに、「どこに何があるかは全部、頭に入れてあるから触らないで」と言われたことがあり、こういう人を「変人」と呼ぶのだろう、と思ったものだった。

「自分（たち）は、あまり変わっているつもりがないし、そもそも変わっている／変わっていないに興味がない」。そんなところなのではないか。

間宮先生もまた、京大で教えておられた、東大出身者だった。

自分大好き。自分にしか関心がなく他人の目は気にしない

こうした私の感性は、自己愛からくるのだろう。

自分を信じている、ないしは自分を疑っていない。もともと自分を疑ったことがない。疑うとか疑わない、とか、信じるとか信じない、といった二分法でもない。自分にしか関心がない。良く言えば「自分の考えを持っている」。

自分が好き／嫌い、という分け方も、多くの京大生が未経験なのではないか。何より、こう書いている私の書き方そのものが、自分を信じているわけでも、疑っているわけでもなく、淡々と書いている。

自意識過剰の反対語＝無意識過剰といえるだろうか。これは、石原慎太郎氏（1932〜2022年）を評した、文芸評論家の江藤淳氏（1932〜1999年）によるものであり、かなりの数の京大生に当てはまるのではないか。

私や私の周りは、無意識過剰と考えるほかない存在ばかりである。

先の「変人」とのつながりでいえば、私が最もお世話になった方が、そういえるだろう。

当時、大学院人間・環境学研究科の助手を務めていた葛山泰央さん（1968年〜）を評して、同研究科の大澤真幸さんが「謎がないのが謎」とおっしゃっていたのが印象に残る。葛山さんの私生活を詮索するつもりは、昔も今もない。おそらく、京大では、誰かの私生活についてとやかく言うことそのものが避けられている、というか、あまり興味を持たれていなかったのではないか。

中でも、葛山さんの私生活についての謎のなさは際立っていた。朝から夜まで、また、土日でもかなりの時間を研究室で過ごす、そんなイメージを大澤さんは持っていたのだろう。そこから「謎がないのが謎」というフレーズが出てきたのだろうが、ここで言いたいのは、その当否についてではない。

それよりも、周りの誰もが、葛山さんを含めて、他人の目を気にしていなかった、という点を強調したい。気にしていなかったといえば、独立独歩というか、自己を確立しているかのような雰囲気を醸し出せるかもしれない。けれども、実態は、気にするつもりがない、ないしは、気にするという回路がない、といった程度だろう。

ここでも蛇足ながら、葛山さんも大澤さんも、東大出身だった。

反権力・反権威!?

東大出身者の研究者は多い。そう考えると、東大＝権力、京大＝反権力といった、ステレオタイプなイメージも、崩れてくるのではないか。私自身は、京大だから反権力とは、今にいたるまで思ったことがない。

権力に抗い、権威を嫌う。そんな希望の象徴を、京大は託されているのかもしれない。東大は東京にあるし、霞が関や永田町に近く、政治に影響されやすい。実際にそういう面は少なくないのだろう。

かたや京大は、東京から距離を置き、生臭いやりとりとは隔たった、落ち着いた古都で学問に打ち込む。この二項対立は、話を描きやすいし、今もなお、多くの人にとってポピュラーなのかもしれない。

しかし、話はそんなに簡単なのだろうか。

政治思想史家の尾原宏之氏（1973年〜）による『「反・東大」の思想史』（新潮選書、2024年）では、「第6章　『ライバル東大』への対抗心　京都大学の空回り」と題して、明治期から大正期にかけての、東大と京大の関係を丹念に跡づけている。

尾原氏は、現代の京大について「東大とは別の高峰として屹立《きつりつ》しているというのが一般的イメージではないだろうか」（同２０９ページ）と評しているし、そうなのだろう。

だが、たとえば、屹立していなさ加減というか、権力や権威の弱さを示すと思われるのが、前の総長・山極壽一氏に関してではないか。

私は個人的に山極氏が好きだ。学者としてというよりも、自分が関西テレビ（カンテレ）の記者・ディレクターだった時期に、山極氏に関して体験したエピソードからである。

ゴリラの専門家である山極氏に取材を申し込み、動物園でのインタビューをお願いした。行ってみると、私と同じ時間と場所を指定されたらしい某新聞社の記者・カメラマンと鉢合わせになった。ダブルブッキングだった。

山極氏からすれば、テレビと新聞の取材を一緒に済ませられると思ったのかもしれないし、細かい事情は15年も前の話なので、ここでは脇におこう。

ただ、某新聞社のカメラマンが、「カンテレさん、いい加減にしてくださいよ〜」

と、たびたび声を張り上げるものだから、その都度、テレビのインタビューを中断してやり直せざるをえず、難儀したのだった。

このエピソードは、山極氏のいい加減さ、というか、私の中では、いかにも山極氏らしい、おおらかというか鷹揚《おうよう》な話として、前向きにとらえている。

ただ、ここで挙げたいのは、これとは異なる山極氏の側面である。

それは、いわゆる「タテカン」、立て看板をめぐる経緯である。

山極前総長の「変節」?

京大の周りには「タテカン」と呼ばれる、多数というより無数の、さまざまな看板が、石垣に立てかけられていた。長年にわたる風習であり、風物詩、風景のひとつとして地域住民にも広く受け入れられてきた、はずだった。

しかし、2017年10月に京都市が、景観を保護するために外壁などへの広告を禁じた条例(京都市屋外広告物等に関する条例)に触れるとして、京大に文書で指導、「タテカン」の撤去を求めた。

これに対して、学生はもちろん、OBからも「タテカン」は京大だけではなく京都の文化である、との声が出る。

京都市の条例そのものは1956年にできているものの、民間業者等への指導は2007年に改正され、本腰を入れるようになった（https://www.yomiuri.co.jp/national/ 20210501-OYT1T50024/）。京大に対しては2012年から指導を始めたという。2018年から京都市と京都大学側は、景観を害するとして「タテカン」を撤去しているものの、京大職員組合が「表現の自由の侵害」などを主張し、2021年4月に、京都市と京大を相手に損害賠償を求める裁判を起こし、本書執筆時点（2024年10月）で係争中である。

山極壽一氏が、京大のトップである総長を務めていたのが、まさにこの時期なのだ。

2014年の総長選びで、当初、山極氏が選ばれると予想していた人は少なかった。教職員による投票（意向調査）で1位になる。学内の支持の高さを見せ、いわば、京大の自由を象徴する人物として選ばれている。

「タテカン」も山極氏も、ともに京大らしさ、すなわち、いい加減さや自由さを体現する存在だととらえられていたのだろう。その彼が総長を務めているときに、「タテカン」を規制するなんて。そう思った学生や教職員、出身者は少なくない。

ただ、私自身は、山極氏に、そこまでの信念があったとは考えていない。個人的な体験にすぎないが、彼の真骨頂は、おおらかさであり、臨機応変さである。山極氏にとっての京大の「自由」や「変人」ぶりもまた、時と場合に応じて変わりうるのではないか。

山極氏が総長として下した判断は、私は、仕方がないというか、そうするしかないものだったと思うし、もとより、「タテカン」をめぐって京大だけが特別、とするのは無理があるのではないか。

「京都大学新聞」は、「タテカン」規制ののちのさまざまな「闘争」について、丹念に取材していて、頭が下がる (https://www.kyoto-up.org/archives/7869)。頭を垂れるとはいえ、それ以上でもそれ以下でもない。そんな京大出身者が多いのかもしれない。

京大幻想

前章で、「自由」について書いたように、こうした「反権力・反権威」もまた、素朴にとらえるだけでは物足りない。「自由」が「不自由」と一体であったように、「反権力・反権威」もまた、「権力・権威」とセットなのではないか。東大出身の教員が京大に多い、というのは、そのあらわれといえよう。

考えるべきなのは、なぜ京大が、「自由」や「反権力・反権威」といったイメージをつけられたのか、その経緯である。もちろん、先に引いた尾原氏の近著『「反・東大」の思想史』のように、京都大学の創立にさかのぼり、丹念に、その歴史的なプロセスをたどらなければならない。

ただ、本書にとって重要なのは、冒頭で書いたように、石丸氏の「京大話法」である。「京大話法」といえば、なんとなく、その印象を共有できるかのような空気が、すでに日本社会にあったから、本書の執筆についての依頼がきた。

そもそも「自由」や「反権力・反権威」というのは、実態がない。「自由」は、単なる解放や、制限のなさではないし、「反権力・反権威」もまた、単純な反抗ではない。そうではなく、どちらもともに、その反対のもの（「不自由」や「権力・権威」）と背中合わせで、離れられない。

それなのに、あるいは、それゆえに、これまでの日本社会は、「京大幻想」を抱いてきたのではないか。だから、本書は成立したし、私自身、その「京大幻想」のもとにあるものを「京大思考」と呼び、ここまで文章を綴っている。

考えるべきなのは、少し抽象度の具合をあげて、こうしたイメージの成立する仕組みについてである。

「京大思考」は本当にあるのか？

「京大話法」や「京大思考」には、どんな特徴があり、それは本当に「特徴」と呼べるのか。つまりは、この本が成り立つのかどうか。

これを考える上で、「京大」をめぐるイメージについてあらためて考えよう。

すでに述べてきたように、「京大」は、「東大」よりは強くないものの、それでも、何らかの印象を社会の中にもたらしている。「京大」を対象としたこと自体、結局は「学歴社会」を論じているだけなのではないか、と論難されるおそれがある。具体的には、次のような論難である。

「東大」の性格ははっきりと像が明確である。対して、「京大」の影は薄い。「東大」は、官僚をはじめとして、これまでも、そしてこれからも、国を背負う。反対に「京大」の印象は、ぼやけている。

「東大」と「京大」にまつわる、こうした通俗的なイメージに基づいて論が想定される。

本書は「京大」についてのまとまったイメージを、解き明かそうとしているわけではない。それよりも、より個人的な思いをベースに、アカデミックというよりも、より気楽なエッセイとして書いているし、そう読まれると想定している。

ただ、一般的に言われる「学歴社会」のような、あるようでない、ないようである、そんな漠然とした存在をとらえようとする考え方は、大きく2つに分けることができる。

それは、「解体論」と「つくられた伝統論」という2つの図式である。前者は、「学歴社会」の影響力が、近年にいたるにつれてますます衰えている、ととらえる。後者は、「学歴社会」は、人々や社会によってつくり出された、ととらえる。前者は実態論であり、後者は構築論であるといえよう。

現在において、「学歴社会」の存在感は薄い、と感じられるのなら、その背景は、次のような「解体論」で説明できる。


「学歴社会」は制度としては存在していない。もはや、大学名は生きていく上はもちろん、就職活動においても有効ではない。

「学歴社会」は形骸化しているのではないか。その理由は、日本が豊かになった上に、少子高齢化の中で、「学歴」とは別の尺度が必要になったから。「京大」のような「学歴」は、日本でしか流通していないから、もう古くなって、どんどん使わなくなる。

「学歴社会」の存在感が薄れつつある理由を、「京大」のとらえにくさと合わせて、右のように解釈しておけば、それなりに説得力があるのではないか。

あるいは、「京大思考」についても、同じような説明ができる。

「京大」を含めて、「学歴」という存在はすべて、大学入試での能力をあらわすフラットな記号となった。それは私たちが、ふだん「学歴」を使わないからであって、もはや「学歴」は、生活から遠くなってしまった。

こうした議論を、「解体論」と呼ぼう。昔は、「学歴」が有効だったのだが、もはや衰退していった。「学歴社会」の「解体論」には、それなりの妥当性がある。「学歴」は、少なくとも明治期以降、日本人に定着して、隆盛を誇っていた。しかし、この数十年のうちに、希薄化し、消失していったのではないか。

この「解体論」の図式は、読み手を納得させる力を持つ。

「学歴」は「つくられた伝統」か

一方、「解体論」とは異なる、「つくられた伝統論」での説明も可能である。今の「学歴社会」そのものには、実は意味がなく、実態がないからこそ、みんなが信じている、という説明である。

誰かが「学歴社会」をつくったわけではなく、慣習として、いわゆる「高学歴」の人を優遇したり、敬ったりしてきた。いわば、「つくられた伝統」であるにもかかわらず、いや、だからこそ多くの人が「学歴社会」を信じてきた。そう、認めざるをえないという見方である。

この立場を前提にすると、「つくられた伝統」としての「学歴社会」に批判的な論者であっても、その拘束力から出発せざるをえない。

「学歴社会」の強さを重視すれば「解体論」を描くことができ、逆に、その「歴史の短さ」を重視すれば「つくられた伝統論」を描くことができる。こうした点で、「学歴社会」の論じ方は、まさしく日本的なインデックスにほかならない。

では、「京大思考」とは、こうした日本の中で、どんな存在なのだろうか。

それを考えるために、次章では、私が専門とする社会学において「京大思考」をとらえ直してみたい。

なぜなら、私にとって、「京大思考」を最も感じさせてくれるのが、次章以降で取り上げる3人の社会学者であり、また、社会学こそが「京大話法」によって鍛えられてきたと考えるからだ。

その意味で取り上げるべきは、たとえば、京都大学大学院人間・環境学研究科助教授（当時）で、社会学者である大澤真幸さんや、同助手（当時）だった葛山泰央さんとの授業やゼミでのかかわりや、多くの「雑談」や「おしゃべり」である。

しかし、本書では、私が在学中には直接お目にかからず、卒業してしばらく経ってから本を通して接した3人を通して、この「京大思考」をとらえてみたい。

第5章　社会学から見た「京大思考」

社会学という補助線

「京大思考」について考えるために、私が先達と敬愛する、３人の社会学者の思考を補助線として引いてみよう。

ひとりは１９２２年生まれの作田啓一（〜２０１６年）、もうひとりは１９３０年生まれの加藤秀俊（〜２０２３年）、そして最後は、１９３８年生まれの井上俊である。

作田は京大の前身・京都帝国大学を、井上は京大を出たのち、母校に戻り教鞭をとったのに対して、加藤はＯＢではないものの、京都大学らしさ＝京大思考を体現している人物だと考えられるからだ。

「京大思考」の先達、作田啓一

作田啓一は、１９２２年、現在の山口県山口市に生まれる。父・壮一は京都帝国大学教授であり、満州建国大学副総長を務めた経済学者だった。啓一は１９３９年に関西学院大学予科に入り、商経学部経済学科を卒業ののち、短いあいだの会社勤務を経て、1944年に京都帝国大学文学部哲学科選科に入学している。

学徒動員により、山口県の第四連隊の補充兵となるものの、戦地に配属される直前に終戦を迎えている。戦後、1948年に京都帝国大学文学部哲学科を卒業し、西京大学（現在の京都府立大学）の助手、助教授を経て、1959年に京都大学教養部助教授に、1966年に教授に就いている。

ここで取り上げるのは、作田が50歳のときにまとめた『価値の社会学』（岩波書店、1972年）である。

『価値の社会学』に見る「京大思考」

同書は1952年に発表された論文（Ⅳ）から1971年に書き下ろされた部分（Ⅰ）までの20年間に及ぶ「筆者の価値についての論考を集め、修正のうえ加筆したものである」（同447ページ）。

1972年に岩波書店から出版され、2001年に、同社から「岩波モダンクラシックス」の1冊として、内容には一切の変更がなく再刊されている（その後、2

024年に「ちくま学芸文庫」に収められている)。

作田は同書刊行よりも前の1960年代から、雑誌『思想の科学』や『展望』に評論を多く執筆しており、1962年から1964年にかけて書かれた10編をまとめた『恥の文化再考』(筑摩書房、1967年)が書籍としてのデビュー作だった。『価値の社会学』は、2冊目の単行本である。論文としては、卒業論文に加筆し、同書Ⅳとして収録している「責任の進化」(初出時のタイトル「客観的責任の心理と社会的諸条件」(『西京大学学術報告人文』第1号、1952年)が、初めて公刊されたものと推定される。

こうした経緯に明らかなように、同書は修士論文や博士論文のようなひとつの体系を目指して書かれたものではなく、自らが書いてきた論文を、「価値」というテーマに沿ってまとめ直したものである。

同書は、「価値」を軸に編んだ論文集である。そのため、同書の「あとがき」に、作田はその狙いを、ひとまず次のようにまとめている。

この本は、筆者の価値についての論考を集め、修正のうえ加筆したものである。価値は選択過程から生ずる。選択の原理は〈手段としての有効性〉〈価値の一貫性〉〈欲求充足にとっての適切性〉の三つに尽きる。これらの原理は、それぞれ、現実原則の支配する世界、普遍の理念が貫徹する仮構の世界、現実と理念の拘束から離れた自由あるいは遊びの世界に根ざしている。価値は選択過程において生ずるのであるから、これら三つの世界はすべて価値の発生源である。これらの価値のうち、筆者は第二の理念の世界から生ずる文化的価値を狭義の価値と名づけた。文化的価値が、現実の世界に属する社会体系の中での行為の一選択肢となる時、それは社会的価値と化する。一方、社会的価値は理念として高昇すると文化的価値となる。このような抽象的な議論に続いて、本書では、いくつかの事例に即して、文化的価値の現実とのかかわり合いを考察してみた(『価値の社会学』447ページ)。

有効性＝現実原則、一貫性＝理念、適切性＝遊びの世界、という選択過程についての3つの分類のうち、とりわけ2つ目の、一貫性＝理念の世界を発生源とする「文化的価値」を狭義の「価値」と名づけた、と作田は整理する。

作田が同書で明言しているように、この3分類は、ドイツの社会学者マックス・ヴェーバー（1864〜1920年）による社会学的行為の3類型＝「目的合理的」「価値合理的」「感情的」にそれぞれ対応している。

ただ、同書で前述の3つの分類がわかりやすく示されているわけではない。

ここに、本書で言う「京大思考」があらわれているのではないか。

作田啓一における「京大思考」

それは、わかりにくさ、であり、生硬さである。

ただ単にわかりにくいだけなら、学者の文章一般に当てはまる。中には文章のうまい学者もいるが、一般論では、学者の文章はわかりにくいと言われる。

しかし作田の書くものは、そうした単なるわかりにくさにとどまらない。

たとえば、「価値は選択過程から生ずる」という一文は、どうだろうか。凡百の社会学者なら、ここで「価値」の定義をはっきりさせようとするに違いない。少なくとも、凡庸な学者にすぎない私ならそうする。「価値とは、＊＊である」といったかたちで、自分なりに定める。

作田は、そんなノーマルな対応は取らない。「価値」が生まれてくる「選択過程」、それを説明するために、「選択の原理」を3つに分けるばかりか、それに「尽きる」という。

「価値」の原理

その3つの原理とは〈手段としての有効性〉〈価値の一貫性〉〈欲求充足にとっての適切性〉であり、それぞれ、「現実原則の支配する世界、普遍の理念が貫徹する仮構の世界、現実と理念の拘束から離れた自由あるいは遊びの世界に根ざしている」という。

整理しよう。「手段」を考えるのは「現実原則の支配する世界」だという。これは、実際にどう物事を進めていくのか、そのためにはリアリティをふまえなければならない、といった意味なのだろう。

次の〈価値の一貫性〉はどうか。これは、「普遍の理念が貫徹する仮構の世界」だとする。現実の反対語＝仮構（フィクション）においてこそ、あるいは、そこでなければ、ブレない価値を見られない。裏を返せば、フィクションの世界でない＝現実では普遍的な、つまり、いつどこの誰にでも通じる理念は貫けない。

最後に、〈欲求充足にとっての適切性〉は、「現実と理念の拘束から離れた自由あるいは遊びの世界に根ざしている」と書く。「手段」がリアル、「価値」がフィクションだとすれば、欲求＝したいことを満たすためには、そのどちらでもなく、第三の世界＝自由や遊びの世界にある、と述べる。

どうだろうか。

この回りくどさ、良く言えば、きわめて短い文章の中に、いくつもの要素を圧縮した高い、高すぎる密度の思考を見出せないだろうか。これこそが、「京大思考」の真骨頂なのである。

重要なのは、こうしたパラフレーズ（分解）にとどまらない。

「文化的価値」としての「価値」

作田は、「第二の理念の世界から生ずる文化的価値を狭義の価値と名づけた」とする。この「文化的価値」とは何か。それは、「普遍の理念が貫徹する仮構の世界」から生まれるものであり、フィクションであり、リアルではなかった。

だからこそ作田は、この「文化的価値」がリアルの中に巻き込まれると「社会的価値」になり、逆に、「社会的価値」がフィクションのように高い理想を持てるようになると「文化的価値」に昇華する、と分析する。

いや、そもそも「価値」だろうと、「社会的価値」だろうと「文化的価値」だろうと、どうでも良い。そう思われるのかもしれない。

けれども、「京大思考」とは、こうした定義をめぐる、ぐるぐる回りであり、この迂回し続ける思考のプロセスそのものを楽しもうとする姿勢にほかならない。

「価値」は、なぜ大切なのか

右に引いた箇所に続いて、作田は、次のように今後の課題について明記している。

第三の自由あるいは遊びの世界から、価値がどのように形成されるかという問題は、本書では全く考慮の外におかれている。この問題を正面から取り扱うためには、社会体系とパーソナリティ体系の体系としての類似性を強調する概念枠組から離脱しなければならない。類似にもかかわらず相異があると見る立場を築く必要がある。しかし、社会と個人の対立は「虚偽問題」にすぎないと見るG・ギュルヴィッチのような立場をも含めて、両体系の類似を強調するのが、今日の社会学の風土(クリマ)である。このクリマの中にいる筆者は、〈欲求充足にとっての適切性〉の原理もまた価値を生むことの論理的可能性を認めながら、この種の価値を定義し記述することができなかった。しかし、価値を自由や実存の相のもとでとらえようとすると、経験科学の領域をいくらか離れることにもなるだろう(『価値の社会学』447～448ページ)

この箇所について、どれほどの読者が「わかった」と膝を打つだろうか。

繰り返すように、「京大思考」で大切なのは、この、ひとりよがりと言われかねない熱量であり、文章の勢いである。けれども、その勢いをもたらしているキーフレーズをつかまえれば、作田の思考は、一気に透明度を増す。

それは「社会体系とパーソナリティ体系の体系としての類似性を強調する概念枠組」という箇所である。

ここでいう「社会体系」とは、英語で言えばsocial systemであり、社会システム、つまり、この社会の仕組みのことだ。また「パーソナリティ体系」とは、個人の人格をまとまりとしてとらえる見方である。

その2つを「体系としての類似性を強調する」とは、すなわち、社会もまた人間と同じであり、人間もまた社会と同じである、ということだ。その似ているところをフォーカスする、そうした考え方である。

社会学、特に、作田がこの『価値の社会学』をまとめた1960年代後半から1970年代前半にかけての社会学では、「社会と個人の対立は『虚偽問題』にすぎないと見るG・ギュルヴィッチのような立場」が、いわば常識であった。

それについて作田は、フランス語のクリマ（climat）＝風土という言葉をわざわざ使って、疑問を呈している。

オーソドックスな社会学者であれば、そのクリマに従って、人間と社会は似ている、と主張しかねないのだが、作田は、そうはしない。これを「京大思考」と名づけるのは、都合の良いように強引に理屈をこじつけているように思われるだろうか。

「価値」と戦後日本社会

作田を「京大思考」の先達と位置づけるのは、無理やりではない。

それよりも、次に見られるように、この『価値の社会学』という本が、社会学の枠組みに収まらない、壮大な構想を持っていたところから、想像してもらえるのではないか（カッコ内は初出時のタイトルと刊行年）。

第一編　社会的価値の理論

Ｉ　行為の概念（「社会行動の動機と原因」１９５９年、「価値と行動」１９６３年、

「ジンメルの価値の概念」1968年をもとに1971年に書き下ろし）

Ⅱ　社会体系のモデル（「構造と機能」1968年、「行為理論と体系理論」1965年）

Ⅲ　価値の制度化と内面化（「価値と行動」1963年）

Ⅳ　責任の進化（「客観的責任の心理と社会的諸条件」1952年）

Ⅴ　アノミーの概念（「アノミーの概念」1954年）

Ⅵ　市民社会と大衆社会（「市民社会と大衆社会」1966年）

第二編　日本社会の価値体系

Ⅶ　価値体系の戦前と戦後（「価値と行動」1963年）

Ⅷ　恥と羞恥（「恥の文化再考」1964年、「羞恥と芸術」1967年）

Ⅸ　同調の諸形態（「社会的適応」1960年）

Ⅹ　戦犯受刑者の死生観（「戦犯受刑者の死生観」1960年）

Ⅺ　戦後日本におけるアメリカニゼイション（「戦後日本におけるアメリカニゼイション」1962年）

先に見た「価値」にまつわる堂々巡りがずっと続くのかと思いきや、そうでもない。特に「第二編」では、より現実的な話題が多い。「体系」への違和感を明らかにしているところからも推察されるように、この『価値の社会学』は、「価値」をめぐって体系的に書かれてはいない。同書は、「価値」を指標とした戦後日本社会論なのである。

こうしたスタイルそのものが、「京大思考」と言うことができる。なぜ、そう言いうるのか。それを考えてもらうために、細かくて恐縮だが内容をざっと見てもらおう。

『価値の社会学』に書かれていること

「I　行為の概念」では、価値を、「欲求を充足させるもの」か「ふだんの欲求の充足を押さえることで到達したもの」か、その二種類の概念を示したり、あるいは、「文化的価値」と「行為的価値」に分類したり、といったかたちで、一見すると、行儀良く、価値の定義づけを行っているように見える。

しかしながら、章タイトル「行為の概念」に明らかなように、この章の眼目は、行為（行動）が、セルフ・インタレスト（動機志向）か価値志向か、という、その行為の性質の違いを定義するところにある。

続く「Ⅱ　社会体系のモデル」では、一　関係体系と集団体系、二　社会関係のモデル、三　社会集団のモデル、という3つの節に分けて、構造、機能、体系、適合といった概念を説明する。

その上で、「Ⅲ　価値の制度化と内面化」では、アメリカの社会学者、タルコット・パーソンズ（1902～1979年）のAGIL図式に基づいて、価値を4つに分類している。

これは、社会がどのような原理で動いているのか、何を解決しなければならないのかを、あえて4つに図式化したものである。パーソンズの関心は、とりわけ、システム（仕組み）が、どうすれば続いていくのか、そのためには何を解決しなければ

図4　パーソンズのAGIL図式

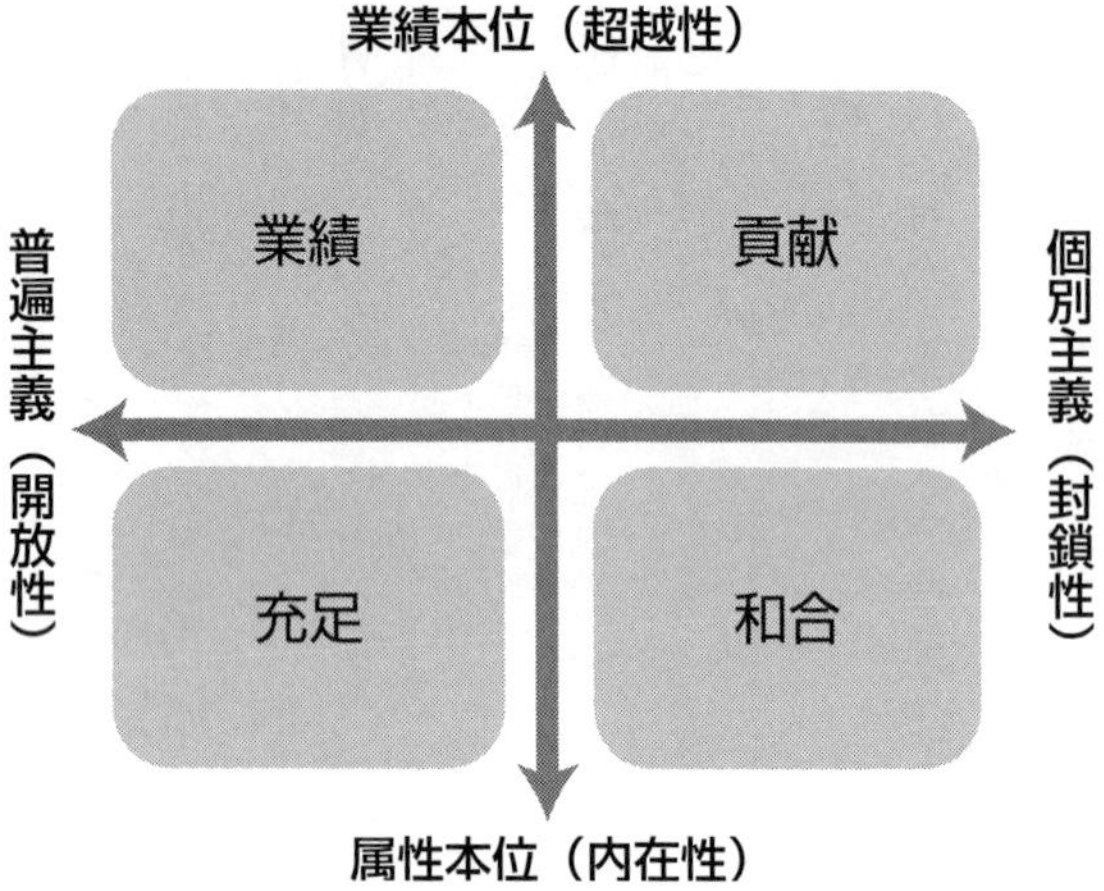

ばならないのか、に向けられていた。

作田にならって、より具体的に言い換えよう。

A＝適応とは、どのように社会のなかで、みんなが慣れていくのか、そのために、いかに環境を整えるのか、という点である。G＝貢献（目標達成）とは、何らかの目的を達成すれば、社会の中のみんなが、達成による利益を得られる、という点である。

I＝和合（統合）とは、社会のなかでのまとまりである。そして最後に、L＝充足とは、社会の中で、そのためだけに満たされる要素を指している。

作田は、これを140ページ上のように図式化している（『価値の社会学』89ページ）。

先述のように、ヴェーバーによる社会学的行為の3類型＝「目的合理的」「価値合理的」「感情的」を用いれば、図4で言う右下の「和合」の部分は、該当する行為がなくなってしまう。

さらに、この図に先立つ説明では、「業績」は「経験的知識（科学）」に、「貢献」は「世界観（宗教）」に、「充足」は「表現形式（芸術）」に、そして、「和合」は「秩序（道徳）」に、それぞれ対応するのだとも、作田は述べている（同70〜71ページ）。

続く「Ⅳ　責任の進化」において、作田は、前近代社会から近代社会への、責任帰属をめぐる移行についても、先ほどの図を適応し、具体的には、個別主義から普遍主義へ、属性本位から業績本位へ、という2つの流れが、それにあたると分析する。

加えて、次の「Ⅴ　アノミーの概念」および「Ⅵ　市民社会と大衆社会」では、近代社会における「業績」価値の優位により、「和合」価値、すなわち、latency の困難が生じるプロセスを説いている。

そして、市民社会においては、個別主義と普遍主義の関係は、中間集団の自立性によってかろうじてバランスを保っていたのに対して、中間集団が弱まる大衆社会においては、2つのバランスが崩れ、集団への過剰同調が起きている、と整理する。

日本社会論としての『価値の社会学』

「第二編　日本社会の価値体系」に集められているのは、そのタイトル通り、日本社会、それも、第二次世界大戦をはさんだ価値の変化について考察した論文である。「Ⅶ　価値体系の戦前と戦後」は、ルース・ベネディクト（1887～1948年）とロバート・ニーリー・ベラー（1927～2013年）という2人の社会学者、とりわけ前者が注目した「タテマエとホンネの使い分け」（同250ページ）を再考している。そして、作田は、「一方においては、タテマエとホンネの論理的な使い分けがあり、他方においては、両者の前論理的な相互浸透がある」（同261ページ）

ところに、日本社会の特徴を見出している。

次の「Ⅷ　恥と羞恥」は、前述の作田の処女作『恥の文化再考』の中核をなす論文であり、既に公刊されていたこともあり、ここでは、より理論的な性格を強く打ち出した上で、ベネディクトによる西欧＝「罪の文化」、日本＝「恥の文化」という図式への反論として、次のように述べている。

もし日本文化を「罪の文化」と規定するなら、公恥への恐れよりも、一般にあらゆる注視にたいして警戒的であるという〈志向のくい違い〉への不安のほうに、日本人の特徴づけを求めるのが、むしろ適切であるように思われる（『価値の社会学』301〜302ページ）。

この〈志向のくい違い〉が、すなわち、単純な「恥」ではなく、「羞恥」というズレに基づく感情であることが説明されている。

こうした「恥」と「羞恥」の関係は、社会的関係においては、国＝「統制機構」や、地域＝「共同態」への同調へとつながる仕組みを解説しているのが、続く「Ⅸ　同調の諸形態」である。太平洋戦争後においては、「自我→職業集団の同調形式が最も典型的となってくる」（『価値の社会学』356ページ）と述べており、ここでも、戦後の価値体系の変化が主題となっている。

この価値体系の変化を具体的に見るために、「Ⅹ　戦犯受刑者の死生観」では、戦争犯罪者701名が残した遺文を分析し、その死を、「自然死」型、「いけにえ」型、「いしずえ」型、「贖罪《しょくざい》」型の4つに分類している。それぞれ、先の図式でいえば、順に、「充足」、「和合」、「貢献」、「業績」の4つの価値類型にあてはめている。

アメリカと日本の関係

「Ⅺ　戦後日本におけるアメリカニゼイション」は、こうした戦犯受刑者の死と同時並行して起きていた日本社会のアメリカニゼイションが、どのように価値体系を変えたのかについて考察している。そこでは、この論考が初めて発表された1962年時点で、アメリカニゼイションを「『日本的な』仕方で取り入れてしまった現実への批判的関心の方が強くなる」(『価値の社会学』410ページ)現状が分析されている。

なぜなら、最後の「XII　日本人の連続観」で論じているように、日本人は、「さまざまの対象と自己とのあいだや、対象と対象とのあいだが連続的につながっているという感じ」(『価値の社会学』415ページ)＝連続観を持ちやすいからである。具体的には、「個人を中心とし、家族、中間集団、国家と広がってゆく同心円的構造が、日本人に一般的な社会構造の表象となる」(『価値の社会学』439ページ)。

しかしながら、戦後日本における家族の転換、すなわち、親子中心の家族から夫婦中心の家族への転換が、連続観から非連続観への転換をもたらす可能性を論じている。

「文化」としての「価値」

こうした議論に明らかなように、「価値」について首尾一貫して論じているのではなく、章が進めば進むほど、日本人論、とりわけ、戦後日本社会論としての性格を強めている。

こうしたスタイルこそ、「京大思考」と言いうるのではないか。

戦後日本社会論としての「価値」を問うにあたって、作田が追い求めていたのは、「文化」としての「価値」の側面である。既に見たように、作田は、同書の「あとがき」で、「価値は選択過程から生ずる」ものであり、その原理として、〈手段としての有効性〉〈価値の一貫性〉〈欲求充足にとっての適切性〉の３つを挙げている（『価値の社会学』４４７ページ）。

けれども、先述の整理に見られる通り、同書で作田は、この３つの原理を軸に解説しているわけでもなければ、自分でつくった四象限図式に基づいて、事例を考察しているわけでもない。〈価値の一貫性〉から生ずる「文化的価値」と現実との関わり合いを考察しているのである。

その「文化的価値」における「文化」について、同書の冒頭近くで、作田は、次のような長い定義を与えている。

道具や言語の使用法、技術や科学的知識、人とのあいだの交渉のあり方を規制する各種の慣習、それらが体系化され強い拘束力をもつに至った法律、善悪を分かつ内面的な規準としての道徳、人間の感情を生命体のリズムに即して表現する芸術、人生の究極の意味に従ってものごとを位置づける宗教など。これらやその他の項目を含む文化は、もともとは人間の生物学的素質から発生してきたとしても、社会生活を通じて伝承されているうちに、反射的な、あるいは本能的な行動様式からしだいに遠く離れていった(『価値の社会学』14ページ)。

ここでは、「文化とは何か」という存在論的な問いには立ち入らない。作田が「文化的価値」と総括する同書の課題は、上の引用部に続く、次のようなところにある。

文化にはさまざまの領域があるので、文化の中から何らかの共通部分を取り出さないと、現在の課題の周辺をさまようだけでスペースを埋めてしまう恐れがある。現在の課題というのは、文化によって規制された欲求を出発点において、文化と行動、更には文化と社会（行動の相互交換としての）との関連を一貫的に追求することである。このような課題に答えるために、文化の共通部分としての価値（value）に焦点を合わせることにしよう（『価値の社会学』14ページ）。

文化の共通部分であるところの価値をインデックスとして、戦後日本社会における戦前からの変化を追求すること。これこそ、作田が同書を『価値の社会学』とまとめた真意だといえる。

こうした我田引水というか、自分の土俵に巻き込む論法は、まさしく「京大話法」であり「京大思考」の賜物だと言えよう。

「価値」という「京大思考」

『価値の社会学』のもとになった論文は、「行為」や「責任」「機能」「アノミー」といった、社会学の理論的な基礎のコンセプトを問い直していた。このため、同書の前半・第一編は、ゲオルク・ジンメルやヴェーバー、そして、パーソンズといった大家の議論を敷衍する点で、共通しているようにみえる。

けれども、「価値」をベースにした議論を展開しているのではなく、さまざまなコンセプトを、あらためて「文化的価値」の名のもとに、強引に統一していると言ったほうが良い。

さらに、後半の第二編においては、「価値」というよりも「恥」や「死生観」あるいは「連続観」といった、より現実的で、戦後日本社会に特徴的なテーマへと収斂していく。戦後日本社会論という観点では、確かに収斂《しゅうれん》なのだが、「価値」という観点で見ると、収斂というよりも、拡散と言ったほうが良い。

さらに言えば、『価値の社会学』で扱われている「価値」こそ、物事の判断基準のもとになり、そして、さまざまなテーマへと展開できるという点で、「京大思考」の典型的な対象といえるのではないか。

こうした思考をさらに発展させたのが、加藤秀俊である。

第6章　加藤秀俊に見る「京大思考」

加藤秀俊の思考方法

加藤秀俊は、戦後に活躍した社会学者の中では、おそらく最も早く(1980〜1981年)中央公論社(当時)から「著作集」を出版している。2018年にも、『社会学　わたしと世間』と題した中公新書を出している。

直近では、亡くなった夫人との65年にわたる結婚生活を綴った『九十歳のラブレター』(新潮社、2021年)が多くの版を重ね、NHKの『ラジオ深夜便』で大きく取り上げられた。

加藤は京大卒ではないものの、15年以上にわたって京大に在籍し、その「あいだ」をめぐる思考方法こそ、「京大思考」ととらえられる。

作田啓一が、厳格で杓子定規に見える「京大思考」であったのに対して、加藤は、その対極にあるような、やわらかく不定形な姿だった。

ここでは、まず、加藤の代名詞と呼べる、1957年の論考「中間文化論」の再読を試みよう。

「中間文化論」とは

「中間文化論」は、雑誌『中央公論』1957年3月号に掲載された論文である。

加藤は、直接親しくしていたアメリカの社会学者チャールズ・ライト・ミルズ（1916～1962年）を引用して、「戦後文化の三段階」から説き起こす。

a．高級文化中心の段階（High-brow dominant）から始まり、b．大衆文化中心の段階（Low-brow dominant）を経て、現在（1957年当時）は、c．中間文化中心の段階（Middle-brow dominant）に入ってきている、という。

時期をそれぞれ、a．1945年から1950年、b．1950年から1955年、c．そしてそれ以降、と分ける。

雑誌は、a．『世界』のような総合雑誌から、b．『平凡』を経て、c．週刊誌がその中心の座を占めるようになる。文学で言えば、a．純文学から、b．戯作や講談本、そして、c．中間小説へ、という3つのステップを踏む。

「中間文化のハシリ」として、加藤は1954年に始まる「新書ブーム」を挙げる。

新書は、「『常識』としてこのくらいは知っておいてもらいたい」（「中間文化論」26

3ページ)という「常識主義」にもとづいている。「それは専門書でもなく、また単なる読みものでもない」(「中間文化論」263ページ)。週刊誌もあわせた「断片的常識主義」があり、「常識としての、適度の政治的関心がある」(「中間文化論」264ページ)。

さまざまな中間文化

音楽では、古典音楽と大衆音楽の中間的性格としてのミュージカルがあり、酒場では、コーヒー1杯の値段でハイボールが楽しめるトリス・バーがある。「数え切れないほどたくさんある」(「中間文化論」265ページ)

中間文化は、「高級文化と大衆文化の中間をいく妥協の文化である。それは、常識主義によって支えられ、適度の政治的関心とゴシップ精神、そして趣味的中間性を特徴とする。この担い手=使い手は日に日に増大する社会的中間層である」(「中間文化論」269ページ)。

加藤は、次のように分析する。

だいたい、高級文化、大衆文化という分け方をするのは、高級知識人、つまり高級文化側の人間に限られている。そして、彼らが「低級主義」を軽蔑し、罵倒し、あるときには恐怖の色を示すのは、実は彼らのなかに17世紀的な貴族趣味があるからだと私は見たい（『中間文化論』269ページ）。

ではなぜ、「高級文化族」は、文化を分け、慨嘆するのか。その理由は、「自己の特権的地位を強調し、その確認を迫るための方便」（『中間文化論』269ページ）だからである。「彼ら」（高級知識人、高級文化族）には、中間文化は担えない。

日本文化は、教育とマス・コミュニケーションによって、文化的落差がきわめて小さくなり、すなわち中間層が分厚くなる「ちょうちん型」になりつつある。その中間層が、中間文化を担う。

アメリカと日本の「あいだ」

加藤は、「中間文化論」から60年後、「あれはわたしの独創ではない」と断った上で、次のように回顧している。

じぶんではたいしたことはない、とおもっていたが、意外な反響があって、あれから半世紀以上たった現在でも、わたしの名前と「中間文化論」を直結して紹介してくださるかたがしばしばおられるので、なんとも複雑な気分になる（「私と中央公論　第3回［上］　京都生まれのＤＮＡ」『中央公論』２０１７年3月号、１８８ページ）。

「独創ではない」理由は、加藤が１９５４年から2年間のアメリカ留学中に参加していた、シカゴ大学大学院での「大衆文化論」ゼミに着想を得たからである。

ゼミでは、ライト・ミルズ（１９１６〜１９６２年）が代表する「中産階級論」の文化版を議論した。好景気に沸く戦後の米国で、郊外の一戸建てに自家用車を持ち、週末には数人の子供とピクニックに行くという生活スタイルを持つ「新中産階級」をどうとらえるか、をめぐり話が盛り上がる。テレビも普及し、ホームドラマ『パパは何でも知っている』（Father Knows Best）（ロバート・ヤング主演）が大人気を博す。

生活スタイル（American way of life）だけではなく、文化面でも「金持ちでもなく、そうかといって貧乏でもない『中間層』をいくらでも身近でみることができた」（「私と中央公論　第3回［上］　京都生まれのDNA」同187ページ）がゆえに、「いずれ日本にもそんな時代がやってくるにちがいない、という予感があった」（「私と中央公論　第3回［上］　京都生まれのDNA」同188ページ）からこそ「中間文化論」を書いた、と加藤は言っている。

中間層が社会中心的勢力に

実際、加藤は「自分のなかのプチ・ブル的要素を発見し、反省して、やっぱり俺はダメだ、と嘆き、自己嫌悪におちいったことのある」知識人、つまり中間層のひとりであり、その意味で、「この中間文化論などは考えてみれば私の日記みたいなものだ」(「中間文化論」２７０ページ)と初出時に書いている。

加藤は当時26歳で、大学院に進んでいれば博士課程の2年目になったばかりだろう。後述するが、加藤は京都大学人文科学研究所の助手として5年目を迎えていた。そんな若者の「日記みたいなもの」でありながら、堂々たる論文である。

もはや中間文化はサラリーマンだけの独占物ではなく、農民や労働者を含めて、日本全体を覆いつつあった。それは「現代の大勢である」(「中間文化論」２７２ページ)。「国民文化とも呼びうるだけの広汎なひろがりをもった」(「中間文化論」同)大衆文化であり、「あたらしい市民層」と言うべきイデオロギー的中間層が担っていく。

中間層は１９３０年ごろの生まれであり、中間文化が出現する１９５５年ごろに社会の中心的勢力に加入する(大学を卒業したり、中卒・高卒後の職場において中堅にさしかかったりする)25歳ごろの「戦後派世代」である。

とりもなおさずそのペルソナは加藤秀俊その人にほかならない。１９３０年に東京に生まれ、１９５３年に大学を卒業した加藤こそ、この中間文化の担い手であり、まさしく「私もその一人である」（「中間文化論」270ページ）。

インテリと大衆の「あいだ」

とはいえ「中間文化論」が書かれた1957年時点での大学進学率は、全体で11・2％、高校進学率ですら51・4％だから、「戦後派インテリ」と自称する加藤のような存在は、まだまだマイノリティにすぎない。男女差を見れば、男性の大学進学率16・8％（うち短期大学1・6％）に対して、女性は5・4％（うち短期大学2・9％）にとどまる（https:/www.e-stat.go.jp/stat-search/files?page=1&toukei=00400001&tstat=000001011528）。

私にとっては、自分が他のふつうの市民のひとりだという実感のほうが、自分は大衆とはちがうのだという気持よりもずっと強い。きっと、戦後派インテリは、在来種のインテリを基準にしたら脱落者であり、堕落した精神状況におかれているのであろう。だが、この堕落のおかげで、戦後派インテリは、自分たちの社会的行動半径を、在来種インテリよりぐっと拡大することに成功したのではないだろうか（「中間文化論」２８９ページ）。

たとえ、加藤がいかに「自分が他のふつうの市民のひとりだという実感」を持ち、「中間文化」をエンジョイしたとしても、否、エンジョイすればするほど、そこには隔たりが広がったり、あるいは話が通じなかったりするかもしれない。

しかし加藤にとって重要な点は、「とにかくちゃんと話し合えるようになっている」（「中間文化論」２８８ページ）実感を持つことである。文化の断絶や、インテリ特有の自己韜晦《とうかい》に耽るのではなく、その「あいだ」の文化を楽しんでみるということだ。その「あいだ」の連続性に可能性を見出すわけである。

こうした加藤の「実感」に基づいた日記が、「中間文化論」だった。この「実感」（江藤淳「実感主義は人間的か」『中央公論』１９５７年3月号）、すなわち、「豊かさの感覚」（加藤秀俊「くたびれた『中間文化』」『加藤秀俊社会学選集』下巻、人文書院、２０１６年、２８５ページ）を支えた「戦後派インテリ」としての同時代性については後述するとして、その前に、この「中間文化論」を生み出した京都というトポス（場所）について概観してみたい。

まずは文学と社会学の「あいだ」、世間と学問の「あいだ」＝パチンコ、の２つの論考を見よう。

東京と京都の「あいだ」

加藤は、１９３０年（昭和５年）４月26日、現在の東京都渋谷区、セルリアンタワー東急ホテルの裏手の一軒家に生まれている。父親は陸軍省の情報系の官僚だった。そののち、仙台陸軍幼年学校から東京都立第六中学校を４年で修了し、「金もうけをしたいという動機で、東京商科大学（現・一橋大学）を受験し、入学する。

「商売をおぼえよう、という素朴な願望だったが、じっさいに学びはじめると、商学というのがたいへんなものであることがわかってきた」。商学にも経済学にもなじめず、「当時の一橋には居場所がない」ところに、「都合よく南先生が新任でおいでになった」（『わが師　わが友　ある同時代史』中央公論社、１９８２年、〈引用は「加藤秀俊データベース」による〉）ので、社会心理学の南博（1914～2001年）のゼミに入る。

しかし卒業後は就職する気になれず、当時の研究科（大学院）に残り、青蘭女子商業高校（東京都大田区）で西洋史の講師として勤めることになる。

そんなとき、大学で京都大学人文科学研究所の公募を目にする。

1953年時点の京大人文研にはスターが揃っていた。その5年前に着任した桑原武夫（1904～1988年）は、「思想の科学研究会」の鶴見俊輔（1922～2015年）を助教授、多田道太郎（1924～2007年）を助手として採用していた。加藤は「こういう人たちといっしょに勉強ができるなら、人生はたのしかろうとおもって」（『わが師　わが友　ある同時代史』）、いささかのためらいもなく応募する。

当時の人文研の助手公募は、原則として筆記試験。加藤の受験時は、50人ほどの受験生がおり、2次試験として日本史、思想史、英語の3科目が1日で行われ、翌朝には合格発表に続いて面接が行われた。

その面接で加藤は、中国古代史の権威・貝塚茂樹（１９０４〜１９８７年）から「君はベネディクトの『菊と刀』をどう評価しますか」と問われ、しどろもどろになる。ただ、そのときの加藤は貝塚を知らず、質疑よりもとにかく緊張していたという。あまりにも鮮明に覚えていたのだろう。25年後に「おつむがきれいにはげあがり、そこがみごとに輝いている先生」（『わが師 わが友 ある同時代史』）と述懐している。

面接の結果、1位となった松尾尊兊（１９２９〜２０１４年）（日本近代史）が、気胸のため、翌年4月の採用に延期される。その余波として加藤は採用された。ここから、１９６９年1月までの15年半に及ぶ助手生活が始まる。

助手として同期だった松尾も山田稔（１９３０年〜）（西洋部）も次々に転出する中、「人文というところは、勝手気ままな勉強のできるところで、しかも、助手という身分でいるかぎり、いっさいの行政的雑務から自由でありうる」（『わが師 わが友 ある同時代史』）として、いくつかの外部からの誘いをことごとく断った末の15年半だった。

京都を去った後

15年半の助手生活を経て京都大学教育学部の助教授になった加藤は、その職を1年で辞する。「学園紛争でつかれはて」た末に辞表を提出した。

同時期には、鶴見俊輔（同志社大学）、川喜田二郎（1920～2009年）、永井道雄（1923～2000年）（いずれも東京工業大学）、伊東光晴（1927年～）（東京外国語大学）、高橋和巳（1931～1971年）（京都大学）といった、多くの有名若手教員が辞職している。

加藤はハワイ大学東西文化センターの高等研究員へと移った後、学習院大学や放送大学へと転じ、放送教育開発センター所長、国際交流基金日本語国際センター所長、日本育英会会長などの公職を歴任する。

華麗なる経歴の中でも、1953年から1970年まで、京大在籍期間中に加藤がものした単著の書籍は16冊、それを含めた執筆総数は2183件に及ぶ。米国に滞在していた年もあるので、バラつきがあるものの、1960年には271本もの著作がある（「加藤秀俊データベース」による）。その中で、加藤の「あいだ」性が最も端的にあらわれている2つの著作に着目しよう。

ひとつ目は、社会学と文学の「あいだ」性があらわれている「小説の比較価値論」(1967年)である。

加藤の京大在籍時の代表的な仕事として、デイヴィッド・リースマン(1909〜2002年)『孤独な群衆』(1950年)の日本語訳(1964年)がある。そこから半世紀を経た2013年、加藤は全面的な修正を施した改訂訳を出版する。半世紀で42版、累計発行部数16万部に達した同書の「あとがき」で、同書を「文学的社会科学」あるいは「社会科学的文学」だと評している。

1964年版の訳者あとがきでは、同書を「高度文明社会の人類学的研究という新領域」における仕事として「国民性」に焦点を当てていると評価している(「1964年版への訳者あとがき」デイヴィッド・リースマン『孤独な群衆』下、加藤秀俊訳、みすず書房、2013年、261ページ)。

この時期に、「小説の比較価値論」は書かれた。社会科学と文学の「あいだ」、もしくは(文化)人類学的アプローチによる社会への接近として同時代に書かれた論文である。

小説の「価値」

前章でとりあげた作田啓一における「価値」と、どう違うのだろうか。

加藤の問いは、「なぜ、小説は極東と極西だけに成立したのか」(「小説の比較価値論」桑原武夫編『文学理論の研究』岩波書店、1967年、30ページ)というものだ。その上で、どちらも慣習の原理が強いがゆえであり、「近代小説の使命のひとつは、慣習の原理に個人の原理によって挑戦すること」(同36ページ)だと述べる。

けれども、その個人の原理を貫徹しようとしても、「どうしても否定できない『顔と顔』の世界」(同36ページ)として家族が立ちはだかる。だからこそ、「小説は、『家族』の食いつぶしによって、その歴史をつくってきた」(同36ページ)と言うのである。

ヨーロッパと、日本、中国の3つの地域を比較すると、とりわけ、前者と後者2つの差異が大きく見えてくる。

ヨーロッパでは、「他人以上に父を憎み、父に『死んでしまえ』とさえ罵倒をあびせかける冷たい拒絶の姿勢」(同38ページ)であり、「徹底的な憎悪」(同37ページ)を特徴としている。加藤の挙げる小説は、『デイヴィッド・コパフィールド』であり『ジャン・クリストフ』である。

中国と日本では、そこまでの全面的拒絶にはいたらない、とりわけ日本では父と子の対立が「和解」の方向をたどる、と加藤は言う。『それから』の代助であり、『明暗』の津田に、その「父と子のあいだには文化的連続性がある」(同39ページ)様子にフォーカスする。ここでも加藤は、日本の近代小説に「あいだ」を見出している。

具体にこだわる

作田啓一は、あくまでも抽象的に「価値」をとらえた上で、戦後日本社会論へと広げたのに対して加藤は、小説における「価値」を具体的な作品に即して明らかにしていく。

妥協的な態度ゆえに、「日本の小説では、家族の超克がきわめてむつかしい」(「小説の比較価値論」43ページ)。すると、「日本の小説はついに家族を超えることができなかった。超えることができないうえに、超えるべきものとして家族はつねに眼の前にぶらさがっている」(同)ことになり、日本の近代小説は、「慢性化した不発」(同)をいつまでも続けることになる。

だからといって加藤は、日本の近代小説を否定しないし、けなしてはいない。「慢性化した不発」が区別する、日本とそれ以外の近代小説との「あいだ」性に着目して議論を終えている。

この「あいだ」性もまた、「京大思考」の特徴ではないか。

「中間文化論」から「小説の比較価値論」へ

「中間文化論」は、インテリと大衆との「あいだ」にあるつながりや連続性を注視していた。それに対して、「小説の比較価値論」では、同じ近代小説という枠組みを共有する極東と極西との差分とつながりを浮き彫りにしている。ここでもまた、加藤は、どちらかに軍配をあげたり、判定したりするわけではなく、その「あいだ」

が持つ可能性を論じている。

その論じ方は、桑原武夫はじめ、鶴見俊輔、多田道太郎、上山春平（1921〜2012年）、樋口謹一（1924〜2004年）といったスタッフを擁していた京大人文研だからこそ花開いたスタイルだった。社会学だけでもなく、文学だけでもなく、分野を超えた自由な交流によって、既存の学説をふまえつつ、踏み超えていく同所一流の成果だった。

それだけではない。加藤がパチンコを学んだのも、人文研の助手仲間からだった。「京都文化というものに開眼した」（『わが師 わが友 ある同時代史』1982年）。研究面だけではなく、いわば、生き方としての「あいだ」性を花開かせたのが、東京に生まれ育った加藤が赴いた京都だったのである。

次に、加藤にとってのパチンコにおける「あいだ」性を、2つ目の著作『パチンコと日本人』から見出していく。

加藤にとってのパチンコ

加藤は、自身の学生時代を振り返って「関東と関西のあいだにはかなり大きな文化的風土のちがいがあった」(『パチンコと日本人』講談社現代新書、1984年、53ページ)と述べる。東京では、多くの学者知識人が、文化の衰退だとか、家庭を崩壊させると言って、非難し、批判していた。加藤は、「うしろめたい気持ち」や「いささかの気恥ずかしさ」(『パチンコと日本人』53ページ)を抱えてパチンコ屋通いをしていた。

1953年から住んだ京都ではパチンコに対する偏見はなかった。「タクシーの運転手さんから大学の先生にいたるまで、また大企業の経営者から八百屋の小僧さんにいたるまで、人間等しく平等という思想が関西にはゆきわたっているから、パチンコもまた万人のものとして天下に公認されている」(同54ページ)。こうした平等の思想と「中間文化論」のつながりは想像に難くない。

この時期の加藤の動きに照らしてみると、この『パチンコと日本人』が持つ「私社会学」性が浮かぶ。

文化研究の先駆者としての加藤

たとえば、大阪の放送局・朝日放送が刊行していた『放送朝日』に加藤は多くの論考を寄せている。洗濯機・冷蔵庫と並び「三種の神器」と呼ばれた白黒テレビは、まだ庶民の憧れの的であり、海のものとも山のものともわからない。加藤は当時、それでも積極的にテレビのメディアとしての可能性を、梅棹忠夫とともに評価している。

東京という政治の中心地ではなく、京都に軸足を置き大阪の放送局とも付き合う中で、「日本におけるカルチュラル・スタディーズの一つの発祥地」（坪内祐三『新書百冊』新潮新書、2003年、207ページ）だと位置づけられる、『テレビ時代』（中央公論社、1958年）や『見世物からテレビへ』（岩波新書、1965年）を、加藤は書く。

「高級文化」と「大衆文化」を平等に享受する姿勢としての京都文化に開眼するきっかけこそパチンコであり、その体験を綴った『パチンコと日本人』は「私社会学」と呼べるだろう。

こうした「私」を前に出すスタイルもまた、「京大思考」と言いえるだろう。自分の議論を、自分なりに進める。そんな姿勢を最も良く発揮できるのが「私社会学」であり、ほかならぬ私もまたこれにならっている。

「わたし」にとってのパチンコ

『パチンコと日本人』は、執筆前年の秋、アトランタの日本総領事館で加藤が日本について講演した経験から説き起こされている。そして、日本から米国向けに輸出されているパチンコ台の広告を見て、「なにゆえにこれほど多くの日本人の心をとらえてはなさないのかは、社会学ないし文化人類学の研究対象として大きな挑戦的課題のひとつ」(『パチンコと日本人』13ページ)と述べる。

ほかにも、昭和10年ごろの渋谷・東横デパート屋上遊園地での「パチンコ」(通称「ガチャン」)との付き合い、さらには、自らの熱中した経験をもとに、「パチンコは賭博行為と『一時の娯楽』との境界線のうえをさまよう一種の『限界娯楽』」(同76ページ)といった定義づけ、加えて、日本各地に農村調査に赴いた際に、駅前のパチンコ屋で時間を潰した経験を書き連ねる。

「わたし」の経験を縦軸にして、パチンコは、「心理的な遮断によって他者と自我とのあいだに一線を画する」(同148ページ)ものだと位置づける。それは、「大衆レベルでの一種の実存主義の表現形態」(同163ページ)なのである。

こうして自分の実存をかける対象としてパチンコを見る、この視点こそ「京大思考」らしさではないか。

1984年のパチンコ

ここで、1984年という時代背景を考えなければならない。それは、(A)パチンコ市場規模の推移、(B)パチンコという娯楽の位置づけ、の2点に分けられる。

(A)市場規模でいえば、2009年に業界売上高は約28兆円まで膨れ上がる(溝口敦『パチンコ「30兆円の闇」』(小学館文庫、2009年)。ただし、その後は右肩下がりとなり、2018年の『レジャー白書』によると最新では約19兆円にまで落ち込んでいる。

1984年当時の売上は6兆円にも満たなかったものの、1986年に6兆円、1987年に10兆円、1992年に15兆円、と「成長のスピードは驚くべきものがあった」(韓載香『パチンコ産業史　周縁経済から巨大市場へ』名古屋大学出版会、2018年、4ページ)。ホール数で見ても、パチンコは1970年代までの衰退傾向から一転、1980年代を通じてホール数が2倍(1991年に17373軒)となる、登り坂にあった(同)。

(B)パチンコという娯楽の位置づけも2019年現在とは異なる。

2016年、IR法案が成立する。この過程で報じられたように、パチンコは法律上、「遊技」に分類されている。パチンコ店で直接現金などを賞品として得られないし、また、換金もできない。あくまでも、景品と交換した上で、パチンコ店近くの景品交換所で換金する「三店方式」を採用している。また、パチンコ機やスロット機の基準は、風営法によって定められていて、ギャンブル性が高くなりすぎないように規制されている。

パチンコのタテマエ

だが、それはタテマエにすぎない。ホンネの部分では、三店方式によって「パチプロ」のようなスタイルを生む余地を残している。もし「ギャンブル性」が高くなりすぎないとすれば、「パチプロ」のように、パチンコのみで生活できる可能性はないだろう。

タテマエ＝「遊戯」でありながら、ホンネ＝生活やギャンブル、という、2つの「あいだ」にあるものとして、加藤はパチンコを実践していた。

その「あいだ」は、決して学者として第三者的な観察によるものではなく、あくまでも「わたし」の人生と経験の末、参与観察によって見出している。この点で、加藤がパチンコによって京都文化に開眼し、そして、その渦の中で、数々の「あいだ」に着目した著作をあらわしていったのは、偶然ではない。

「中間文化論」は、だから、単に加藤の代表作・代名詞というだけではなく、東京と京都の「あいだ」での思考の賜物だった。その思考の軌跡を、この『パチンコと日本人』からも確かめられよう。また、高度経済成長期の産んだ娯楽＝パチンコの、参与観察者としても位置づけられるだろう。

最後に、「中間文化論」のメインモチーフであるところの「世代」について、加藤自身が所属する「昭和ひとケタ」世代のポジションを確かめておきたい。

「くたびれた『中間文化』」

加藤は、２０１６年に出版した『加藤秀俊社会学選集』（上下巻、人文書院）に、「くたびれた『中間文化』」を収めている。

この論文は、１９８４年の初出時には「『現金な人間』の誕生」と題して『正論』（産経新聞社）に掲載されている。そのときは、タイトルにはもちろん、本文にも「くたびれた」という表現は、一切使われていない。

渡辺和博（１９５０～２００７年）の「○金《まるきん》・○ビ」が１９８４年発表の「第１回新語・流行語大賞」を得た同年に、「１億２千万人ほどの日本の人口のすべてが厳密な意味で『現金な人間』になった」（「くたびれた『中間文化』」２７７ページ）ことを論じている。

「貨幣経済というものが日本社会で進行しはじめた時期に、現金収入によって生活している人間のことを指した」(同276ページ)

「現金な人間」が、現代(1984年当時)では、会社に勤めるサラリーマンだけではなく、農業も漁業もあらゆる領域に広まっている。加えて、「現金な人間」の多くは、「なんらかのかたちで巨大な組織にくみこまれている」(同280ページ)という点で、サラリーマン化している。

それによって「現代の『中間層』」(同280ページ)は生まれた。

「新中間大衆」と「中流」

村上泰亮(1931~1993年)が「新中間大衆政治の時代」を発表したのは、この加藤の論文から3年前の『中央公論』1980年12月特大号だった。それは、「一元的な成層尺度が溶解するために生じた消極的なものであって、従来の中流意識が一元的な成層尺度の上で自らを中流と位置づけた積極的なものであったのとは明らかにちがってきている」(書籍『新中間大衆の時代』(中央公論社、1984年)20

9ページ)。

「中流」をめぐる違いを、加藤は世代論で読み解いている。

第一に、同じ「中産階級」といっても、「中間文化論」執筆時の戦後派世代は、主として「昭和ひとケタ」であったが、20世紀末(1984年時点)では、その中核は、戦後生まれの「団塊の世代」(1947~1949年生まれ)を中心とする新世代に属している。

そして、第二に、前者の特徴は「ハングリー」「物欲しげ」であったのに対して、後者は「生きていくことについての切実感というものがほとんどみあたらない」(「くたびれた『中間文化』」286ページ)。

これらをまとめて加藤は、次のように対比する。


戦争直後の中間層が「どうにかしなければならない」という感覚で生活をかんがえ、社会をかんがえていたのにたいして、あらたな中間層は「どうにかなる」という哲学をその生活の基盤としているようなのである(同287ページ)。

戦後派、つまり「昭和ひとケタ」世代の持っていた「不安」を、あらたな中間層は、ほとんど持っていない。だからといって、「わたしはあたらしい中間層に失望しているわけではない」という。その理由は、「日本の社会と文化の将来はかれらが決定していく」(同280ページ)からだという。

2016年の「中間文化」とは?

1984年時点でそう書いた加藤は、22年を経た2016年時点での「あとがき」を『加藤秀俊社会学選集』に加筆している。

ユニクロ、ケータイ、かのか、発泡酒、コンビニ、回転寿司、百円ショップ、ニトリ、B級グルメ(牛丼、ギョーザ、ラーメン)、LCCを列挙した上で、次のように述べている。

一連の「国民的」消費財マーケットによってつくられたあらたな「中間文化」が成

立し、老若男女、ほとんどたいていのひとが、それらのつくりだす「文化」にどっぷりつかって、それなりに快適な生活をおくっているかのようなのである(「くたびれた『中間文化』」291ページ)。

1957年当時の中間文化が含んでいた、あるいは、それを担っていた世代が持っていたハングリー精神や「いささかの向上心」は消え、現代の中間文化は、「くたびれて」「おちぶれて」(同)いる、と加藤は観察している。

1957年に加藤が「中間文化論」を、1980年に村上が「新中間大衆政治の時代」を発表した『中央公論』では、2000年5月号に佐藤俊樹(1963年〜)が「『新中間大衆』誕生から20年　「頑張る」基盤の消滅」を書いている。ほぼ20年ごとに、「中間」をめぐるメルクマールとなる論文が掲載されているのだ。

それぞれ、文化、政治、経済、と、「中間」を示す分野を移しながら、戦後日本の変容を語っている。

現在の中間文化とは?

今では、「くたびれた」という修飾語をつけたとしても、もはや文化では「中間」を語ることはできず、さらには、その「あいだ」さえも見出せないほどに学歴による『日本の分断』が進んでいる（吉川徹『日本の分断　切り離される非大卒若者（レッグス）たち』光文社新書、２０１８年）。

「加藤による中間文化論」、あるいは「くたびれた『中間文化』」は、今を分析するのではなく、高度経済成長期の歩みや変化を照らし出すためにこそ、再読に値する。「くたびれて」「おちぶれて」いる、という加藤の観察は、高度経済成長という「どうにかしなければならない」という感覚の終わりを示すだけではない。その後の「どうにかなる」と考えた、「あらたな中間層」（「くたびれた『中間文化』」２８７ページ）すら終わり、「一連の『国民的』消費財マーケットによってつくられたあらたな『中間文化』による『それなりに快適な生活』」（同２９１ページ）の到来をあらわしている。

中間文化を享受するのは、もはや「中間」だけではない。「新書ブーム」も、近代小説も、パチンコも、あらゆる層によって楽しまれている。ユニクロもＢ級グルメも、「中間文化」の目印ではない。

現在の「あらたな『中間文化』」を、加藤が「くたびれた」「おちぶれて」と表現せざるをえない理由は、ここにあるのではないか。

「中間文化論」からの55年

加藤が「中間文化論」を書いた1957年には、先述したように、「戦後派インテリ」と呼べる層は少数だった。大学進学率も低い。高度経済成長期の入り口にさしかかるぐらいであり、「もはや『戦後』ではない」と政府の経済白書が書いてからまだ1年ほどしかすぎていない。

そこからの日本は、11年後の1968年にはGDPが当時の西ドイツを抜いて世界で2番目に位置するまで急速な経済発展を遂げる。二度のオイルショックや「狂乱物価」といった落ち込みがあったとはいえ、歴史的にも地域的にも、きわめて順調といえる成長を続け、加藤が『「現金な人間」の誕生』を書く1984年には、バブル景気と呼ばれる好景気が始まる。

繰り返しになるが、1984年時点では、その論考に「くたびれた」とは、ひとことも書いていない。「くたびれた」「おちぶれて」いる感覚は、2016年から振り返ったときに見えたバブルの風景であり、さらには、現代の「中間文化」である。「あたらしい中間層に失望しているわけではない」(「くたびれた『中間文化』」290ページ)と書いていた1984年とは異なり、2016年は、「むかしの中間文化にはいささかの向上心があったが」(同291ページ)、それと比べて、勢いを失ったものとして描かれる。

この理由を、加藤が老いたからだと片づけるのは簡単だろう。誰しも歳を取れば、「現代の中間文化」を理解するのは難しくなるし、昔は良かった、とノスタルジーに浸りたくもなる。

しかし、このノスタルジーを排するのが「京大思考」にほかならない。

なぜなら、「あいだ」性をとらえようとするのが「京大思考」だからである。かりに加藤の加齢の影響があったとしても、「あいだ」をキーワードにして、日本の社会意識を論じるスタイルそのものに無理が来ている、あるいは制限がかかっている点も考慮しなければなるまい。

「中間層」がいなくなった、という、二極化、あるいは、格差社会論に同調したいわけではない。

そうではなく、ものごころついたときに戦前の文化を享受していたのか、そうではないのか。この違いが、わずか数歳でありながら、いや、わずかだからこそ、効いている。

実体験として、戦前の文化を良いものとして見ていたからこそ、加藤は、戦前との連続性に着目する。

実際、加藤の幼少時には、円タクが走り、フォード、シボレー、パッカードなどの自動車も揃っていた。高島屋デパートにはオーチス製のエレベーターもあった、と振り返っている(「公刊にあたっての自注」『ARENA』12号、中部大学編、風媒社、2011年、29~30ページ)。

市電が走り、「狭いながらも楽しい我が家」という歌が流行したのもまさにその年であった。だから、「同時代を生きた人間にしてみれば、戦前からいままで、ずっと連続している」(同30ページ)。

それゆえ、1957年の「中間文化論」で示したような新しい形態でもなければ、さりとて大衆文化とも言い切れない。そんな現代(2016年)の「『国民的』消費財マーケット」による世相は、加藤にとって「戦前」よりも「戦後」よりも「くたびれて」「おちぶれて」いると映るのだろう。

こうした加藤の思考方法に、私は「京大思考」を見る。

ひとりよがりではないものの、自分の体験に根ざして話を進める。もちろんそれは、学者一般に通じる。筋を通し、根拠を示す。何も「京大思考」や、加藤秀俊に限られてはいない。

ただそこに、なんというか、加藤独特の気負いのなさを感じるし、それこそが「京大思考」の賜物であり、「京大話法」ではないか。そう考えるのである。

そして、こう「感じ」て、「考え」ている私自身の話の進め方それ自体を、この本では「京大思考」だととらえている。

その理由を、よりくわしく説明するために、加藤の思考のスタイルを、次の章で、さらに辿ろう。

第7章　インテリなき時代の京大思考

「中間文化」の全域化

１９５７年の「中間文化論」あるいは「小説の比較価値論」、さらには『パチンコと日本人』がそうであったように、加藤における「あいだ」とは、断絶よりも連続性を重視する思考である。

世代間の断絶よりも、そのゆるやかな連続性に着目しつつ（高級文化↓大衆文化↓中間文化）、しかし同時に、続いているからこその違いを浮き彫りにする。それが加藤の議論の、さらには加藤の対象の、加藤の方法の特徴であった。

それはまさしく、世の「あいだ」、すなわち世間の学としての、人と人の「あいだ」、すなわち人間の学としての、社会学である（加藤秀俊『社会学　わたしと世間』）。「私社会学」としての加藤の65年間であり、日本が高度経済成長を経て、現代にいたる歴史そのものであった。

日本の経済体制は、戦前とも戦中とも、はっきりとした断絶はない。それどころか、たとえば税制は、戦時下の１９４０年につくられた「年末調整」や「源泉徴収」に支えられているという議論もある（野口悠紀雄『１９４０年体制　さらば戦時経済』東洋経済新報社、2010年など)。

文化の側面でも、「戦時下のプロパガンダにつかわれた漫画制作手法や物語構造こそ、『ジャパニメーション』ともよばれる、現代日本アニメに通じている」。そうした指摘もある(大塚英志『アトムの命題　手塚治虫と戦後まんがの主題』角川文庫、2009年)。

戦前と戦時下、そして戦後から現代にいたるまでの歴史には、明確な断層はない。そのゆるやかなつながりにこそ注目する。それこそ加藤のスタイルだった。『九十歳のラブレター』で述べるように、加藤の中年期は、「世界が膨張した時期」であり「経済は右肩上がりの成長期の入り口にさしかかり、先進国では『ゆたかな時代』がやってきた」(『九十歳のラブレター』104ページ)。

みんながゆたかになりたい、と強く望んだ結果として、「中間文化」が、インテリと大衆の区別なく、すべての層に広まった。中間層は全域化し、「一億総中流」が、日本の社会意識となった(と言われた)。

加藤は、妻・隆江に「『空襲・戦災・焼死体』という原体験」を見て、「マイホーム」

へのこだわりの理由を自分に納得させようとする（同）。

あるいは、自分たちが「核家族」の典型であったからこそ、隆江には、「マフィアによって代表されるような『ファミリー』、すなわち『拡大家族』への『憧憬の念』があった」と分析する（同187ページ）。

「マイホーム」も「核家族」も、いずれも、中間層（の夢）を体現し、「中間文化」があらゆるひとびとへと行きわたった様子をあらわす記号であった。

1957年に「戦後派インテリ」として少数派だった加藤だが、1984年、そして妻をひとりで看取り、その体験記を公にした2021年には、名実ともに、「中間文化」を担う「その一人」になった。インテリであろうとなかろうと、所得に差があっても、地域が違っても、老若男女を問わず、ユニクロを着て、スマホを使い、カラオケに興じ、コンビニでスイーツを楽しみ、百円ショップで面白いものを探し、回転寿司や牛丼店で腹を満たす。何を「中間文化」とするのか、きわめて難しい。

加藤が「くたびれた『中間文化』」に2016年に追記した「あとがき」で挙げた、さまざまな「あらたな『中間文化』」は、1957年のそれとも、1984年のそれとも異なる。異なるからこそ、「中間文化」としての輝きはなく、「それなりに快適な生活」(「くたびれた『中間文化』」『加藤秀俊社会学選集』下、291ページ)を、十二分に支えてくれる。

加藤は、「中間文化」の全域化を、あまりにも早く予言し、体現し尽くしたからこそ、現代を「くたびれて」「おちぶれて」いると見てしまうのである。

今、加藤秀俊を読む

加藤の晩年の著作は、いずれも『メディアの発生　聖と俗をむすぶもの』(中央公論新社、2009年)、『メディアの展開　情報社会からみた「近代」』(中央公論新社、2015年)と題して、前近代と近代、後者では特に江戸と明治の「あいだ」に焦点を絞る議論を展開している。「あいだ」を論じ、「あいだ」で論じてきた、これまでのあゆみの集大成を、より大がかりな「あいだ」によってしめ括《くく》っている。

加えて同時に、本人曰く、最後のまとまった著作という『社会学』に、「わたしと世間」という副題を付している点もまた、その「あいだ」性を裏書きする。

「わたし」を基盤としながらも、世間話として公に開かれた性質を持った自由な学問こそ、加藤の言う「私社会学」にほかならない。

この「私社会学」の観点から改めて「中間文化論」を読み直すと、「私の日記みたいなもの」という自己評価はぴたりとあてはまる。

これまで加藤は著名でありながらも、社会学者としても、社会意識論の担い手としても評価されてはこなかった。

たとえば初期には、藤田省三（1927～2003年）が、「頭のいい人で、個個の事実の解釈とか、説明はとても上手です。しかし全体の哲学には全く賛成できません」「普遍への欲求がない」（久野収・鶴見俊輔・藤田省三「戦争体験から何を汲み取ったか」『中央公論』1958年12月号、228ページ）と酷評しているほか、江藤淳も、加藤をムード主義として強く批判している。

例外なのは、1981年に桜井哲夫（1949年～）が、加藤が1950年代後半に、大衆文化に社会科学の視点からアプローチした点とともに、次の点を高く評価しているぐらいである。

一億総白痴化（大宅壮一）などといった批判が大勢をしめた時期に、活字文化の衰退と新しい記号体系としての映像の重要性に触れていることも考えれば、少なくともこの時期の加藤の言説は1960年代文化の到来についての予見に満ちていたとは言える（桜井哲夫「戦後知識人の解体」『中央公論』1981年11月号、183ページ）。

「京大思考」として加藤秀俊を読み直す

竹内洋（1942年～）は、藤田を武士・農民型の知識人であり、「ひらがなが多く、卑近な事例を使っている。柔らかくて、伸びやかな文体」（「加藤秀俊論」『大衆の幻像』中央公論新社、2014年、143ページ）と評し、加藤を「町人型公共知識人」と名づける。

加藤の背景には、一橋大学の「隠れたカリキュラム」（正系に限りなく近い傍系、そして、正系学歴貴族文化からの「離反」）を見ている。一橋大学のスタイルを象徴するのは、石原慎太郎であり田中康夫（1956年〜）だと竹内は言う。だが、その当否を判定するには、まだあまりに加藤は論じられていないし、読み直されていない。

加藤は、いかにも「昭和」の古典的知識人でありそうに見えながらも、その実、「平成」らしい（?）データベースの整備にも熱心であり、さらには、古市憲寿ともお互いに肯定的に評価し合っている、といったつかみどころのなさもある（古市憲寿「大家が教えてくれる、自由で楽しい社会学『社会学 わたしと世間』」「本がすき。」2018年5月14日 https://honsuki.jp/review/3141/index.html）。

だからこそかもしれない。加藤は、戦前から戦中を経て戦後にいたる「あいだ」を、「中間文化」を、同時代人として「私もその一人である」（『中間文化論』270ページ）として体現してきた。二分法ではなく、さまざまなものの連続性としての「あいだ」に焦点を絞ってきた。

文章の平明さとは裏腹に、なかなかつかみにくい。加藤の「あいだ」性は、そんなつかみづらさでもある。

つかみづらさとしての「京大思考」

このつかみづらさもまた「京大思考」の特徴だと言えよう。それはまた、編集者からの要望にも通じる。

膨大な文章を書いた加藤に対し、編集者たちは途切れずに注文を続けてきた。加藤の多くの著作は読者に好まれてきただけではなく、その「あいだ」にいた編集者にも好まれてきた。

「あいだ」の人たる編集者の好む文章や論理を思いのままに使いこなせる書き手であればこそ、半世紀にわたる旺盛な執筆活動を続けてきた。

「売れ筋」と「学問」の「あいだ」を取り持つ編集者に対して刺さる文章を書き続けられたからこそ、「あいだ」にフィットしてきたのではないか。

この論点は、戦後日本社会における、アカデミズムとジャーナリズムの「あいだ」という主題につながるだろう。まさしく高度経済成長期のもたらした果実として、アカデミズムとジャーナリズムそれぞれの豊かさを挙げられよう。

「京大思考」が果たしてきた役割もここにある。

東大が支配するメインストリームに対して、大衆の側に（少し）寄った上で、日本社会を論じる。この点で、「価値」を論じた作田啓一と加藤秀俊は「京大思考」を体現するという点で通じている。

いくつもの「あいだ」から、中間層（の夢）の体現者＝加藤秀俊を読む楽しみは、これまで多くの読者が味わってきたし、もちろんこれからも未知の読み手にも開かれている。

この点を確かめた上で、最後に、作田と加藤を引き継いだ「京大思考」の体現者としての井上俊について触れよう。

「対話」と「雑談」のあいだ

井上俊（1938年〜）は、長く、大阪大学と京大で教鞭をとり、多くの社会学者を輩出した名伯楽として知られている。代表作には『遊びの社会学』（世界思想社、1977年）などがあるが、一般的に広く知られてはいないかもしれない。

そこでまず、彼の特徴を、それも「京大思考」らしい点を指摘しよう。それは、「雑談を好む」点である。

なぜ好むのか？　その理由はいくつか挙げられるが、ひとつは「対話というコミュニケーション」と題された文章における、「さまざまなディスコミュニケーションこそがむしろ人間のコミュニケーションの豊かさ、ふくらみ、楽しみなどを作り出しているのではないか」（井上俊「対話というコミュニケーション」長谷正人・奥村隆編『コミュニケーションの社会学』有斐閣、2009年、105ページ）とする立場に着目したい。

この認識は、現代の「ディスコミュニケーションを嫌い、否定する風潮」（「対話というコミュニケーション」106ページ）への違和感に基づいており、「自分はコミュニケーションが上手だ、得意だ、などと思っている人のほうがどこかおかしい」（同）とする実感に由来する。

ズレとしての「京大思考」

うまくいかないやりとりこそが、実は、より丁寧に相手の声に耳を傾け、わかろうとする努力を促すのではないか。

こうした、主客を転倒させる考え方もまた「京大思考」ととらえられよう。ズレ、スレ違い、誤解、といったディスコミュニケーションはわからないところから出発する。それがあるからこそ、理解にたどり着けるのではないか。

これは井上個人の立場であるだけではなく、「社会学的なコミュニケーション論の中でも、ジンメル、ゴッフマン、ベイトソンらの議論には、それぞれに視角は違っても、そういう論点が含まれている」（同105ページ）。

「遊び」という回路

別の例を挙げよう。

井上は、『遊びの社会学』のあとがきで、同書所収の各稿執筆時に参加していた研究会と参加者を挙げ、「いずれも、堅苦しい〈研究会〉というよりむしろ雑談の会に近いものであったが、そこでの雑談的コミュニケーションから私は実に多くのことを学んだ」（『遊びの社会学』225ページ）と述べる。

このとき、井上にとって、「雑談」と「対話」の違いは、どこにあるのか。

「『対話の理念』は（中略）明確な結論を合理的に導くことをめざす」（「対話というコミュニケーション」104ページ）と定置する井上にとって、「対話」は、堅苦しく、はっきりとしたひとつの結末に向かってまっすぐに進む一方通行路でしかない。

その道は、ディスコミュニケーションが孕《はら》んでいた多くの可能性を捨て去ってしまうため、人は、「コミュニケーションの豊かさ、ふくらみ、楽しみなど」を享受できない。

他方、「雑談的コミュニケーションから私は実に多くのことを学んだ」とあるように、「雑談」は、アイデアの源にほかならない。

数学者・森毅（1928～2010年）との対談の中で、京都大学人文科学研究所のサロン方式の良さとして「アイディアの私有性をわりと否定するところがある。（中略）誰が出したアイディアかはアイマイなんだけど、とにかくそれをうまく使っていけばいいじゃないかというふうな、一種ルーズな感覚」（『遊びと文化―風俗社会学ノート―』アカデミア出版会、1981年、33ページ）を挙げる。

「雑談」としての対話

井上は、「雑談」をあえてポジティブにととらえて、「個人個人の問題じゃなく、集合的なレベルで何かが成熟していって、それがいく人かの個人によって体現されて、同時にいろんなところで開花する」(『遊びと文化―風俗社会学ノート―』35ページ)ありかたを目指しているに違いない。

すなわち、コミュニケーションとして確立した「対話」ではなく、ディスコミュニケーションとしてあいまいな「雑談」こそ、井上が得意とするところであり、これもまた「京大話法」を特徴づける。

京都大学人文科学研究所におけるサロン方式の良さが、その「雑談」を代表しており、それこそが、井上の、また、京大がこれまで培ってきた知の生産状況への認識を反映している。

京都という地の利

「広い世界に接することのメリットもいろいろある。私の場合、その最大のものは、京都という〈地の利〉をえたおかげもあって、多くのすぐれた師友にめぐまれたということ」（井上俊『死にがいの喪失』筑摩書房、1973年、263ページ）が挙げられる。

井上が「雑談」を好む要因として京都は地の利がある。これは、本書でこれまでに触れてきた点と通じる。同時に、井上をはじめとする、「雑談」的な語りが、京都における学問のイメージの形成に寄与してきた点もまた確かである。

そのイメージのひとつとして、井上が初代事務局長を務めた「現代風俗研究会」を挙げておけば十分だろうし、京都における「雑談的コミュニケーション」の消長に向けた考察は、おそらくは未踏の課題として広がっている。

「論文」と「エッセー」のあいだ

井上は、「聖・俗・遊」の図式と、「遊」の立場からの相対化を駆使して、さまざまな対象を扱ってきた。

フランスの哲学者ロジェ・カイヨワ（1913～1978年）に依拠し、人間を超えた神秘的な力を「聖」、「俗」を日常的な実生活、「遊び」をそれ自体が目的であるような活動の領域と、井上は定義した。その上で、「遊び」の立場から、「聖」と「俗」を相対化する重要性を論じてきた。

初の単著『死にがいの喪失』では、「ここに集めたエッセーの大半は、この2、3年のあいだに書いたものだが」（『死にがいの喪失』263ページ）とした上で、作田啓一から「〈中間小説〉というのがあるけど、君のリポートは〈中間社会学〉ですね」と言われ、「いつかは〈純社会学〉の論文を書こうと思っているが、まだ果たせないでいる」（同264ページ）と述べている。

自身の書いたものは「エッセー」であって、「論文」は、いまだ果たせぬ地点に置かれている。

続く『遊びの社会学』でも、「〈遊びの社会学〉の領域に多少とも関連すると思われる比較的最近のエッセーを、ここに集めてみた。（中略）なんといっても、おりおりに書いてきたものの集成であるから、一貫した体系性という点では、この本はまったく不十分なものである。（中略）各編のスタイルも、論文調のもの、評論風のもの、随筆風のもの、とさまざまであるが」（『遊びの社会学』224ページ）とされ、あくまでも「エッセー」であるとする認識に変わりはなく、スタイルの違いの中で「論文調のもの」があるにすぎないとする。

こういった「エッセー」もしくは「エッセイ」を重視する構えもまた、「京大思考」として挙げられよう。

「あとがき」での芸

『遊びと文化』は、副題に付された「風俗社会学ノート」に明らかなように「本書は、みられるとおり、新聞・雑誌などにおりおりに発表した短文を主体とする一種の寄せ集め（ラウンドアップ）である」（『遊びと文化―風俗社会学ノート―』245ページ）と位置づけられる。

「エッセー」とも違う「短文」として書かれたものは、もちろん「論文」ではない。『悪夢の選択　文明の社会学』の「あとがき」では、書名ともなった文章を「本書の冒頭に収録したエッセイ」であり、「ここに集めた8編はすべて既発表のものだが」（『悪

夢の選択　文明の社会学』筑摩書房、1992年、219〜220ページ）と断っており、「論文」という括りは使われていない。

学者であるからこその「エッセー」

井上が京都大学から退く際にまとめた著作目録では、「論文・評論」という項目と「コラム・時評・随筆・対談・その他」とするまとまりは異なった分類だが、決して「論文」なる括りを避けているわけではない。

しかし、ここまで見てきたように、それぞれの著作の中で井上は、「エッセー」や「論考」と名づけるにとどまり、自身の書いた文章を「論文」と呼んではいない。

見田宗介（1937〜2022年）他編『社会学文献事典』（弘文堂、1998年）に寄せた著者要約でも『死にがいの喪失』を「主として1960年代後半から70年代初頭にかけての文化条項を扱った10編ほどのエッセイ」（『社会学文献事典』231ページ）とし、『遊びの社会学』を「広い意味での『遊び』に関する15編ほどのエッセイを収録した論集」同232ページ）と書き記す。

ホンネや立場を隠そうとする「照れ隠し」とも見えるものの、それだけではなく、これまで見てきたように、ズレを重視しつつ、自分の感性を大切にする。学者だからこそ「エッセイ」や「エッセー」を書いているとの自覚を持ち、それによって自由なフィールドを確保する。

この戦略こそ「京大思考」にほかならない。

社会学としての「京大思考」

こうした「京大思考」は、社会学の中では、どのような位置を占めるのだろうか。井上は、「いつかは〈純社会学〉の論文を書こうと思っているが、まだ果たせない」と述べている。後年にいたるまでずっと「エッセイ」を書き続けてきたと自己定義する。

だからといって、「論文」と位置づける自信がないがゆえに、「エッセイ」という根拠のあいまいなよしなしごとを書き殴ったとする言い訳でもない。

彼の「エッセイ」とは、その原義通り、さまざまな対象に関する考えの「試み」として、そっと世に問われた文章にほかならない。しかもそれは声高な主義主張ではなく、「あとがき」にあっさりと目立たぬように置かれており、社会学者としての責務からの逃避や撤退でもない。

ホンネを隠そうとする戦略

「死にがい」や「遊び」、「大衆文化」や「青年文化」といったテーマを扱う営みは、今でこそ「社会学」の本流に思えてしまうのだが、しかし、井上自らが「もともと社会学と遊びってのは相性がよくないいんですよ。社会学はやっぱり社会の役に立たんといかん……」「よりよい社会の建設のために社会の実態を究明する、これが社会学のタテマエですから」(『遊びと文化—風俗社会学ノート—』8ページ)と述べるように、「遊び」を論じるのは「反主流というほどカッコよくもないんで、まあ、傍流でしょうね」(『遊びと文化—風俗社会学ノート—』8ページ)とホンネを隠すのがふさわしかった。

当時まだ未熟な知識社会学に踏み出し、井上が論じた主題は、いずれも社会学の

「傍流」にすぎない時代でもあえて取り上げられており、その点で、「試み」としての「エッセー」であった。

「社会学」と「文学」のあいだ

井上の文章を際立たせるのは、そのうまさとともに、「実感」の厚みにほかならない。別の表現を使えば、井上は、「理論」の人でありながらも、否、だからこそ、「実感」の重要を唱え続けているように見える。

井上にとって「社会学」という制度や理論や枠組みや規範は、さして重要ではないのかもしれない。そう感じる経験が、自分にもしばしばある。

井上の言葉を借りれば、「僕の場合は、割に日常生活の中での自分の実感がどう説明されるかに興味がある」以上、「自分なりの日本社会の実感を、理論が説明してくれないと」(間場寿一、新睦人、井関利明、井上俊、塩原勉、鈴木広、田崎篤郎、浜口恵俊、船津衛、安田三郎、吉田民人、1980年、「特集＝日本社会論」『現代社会学』7(1)(13)アカデミア出版会、1980年、50ページ)いけない。

より抽象的な表現を借用するならば、規範的レベルで容認可能な〈正しさ〉よりも、「認知的レベルで理解可能」なそれの方が、はるかに大切なのではないだろうか（井上俊「〈日常の社会学〉『動機』について」『現代思想』３－３、青土社、１９７５年、２２９ページ）。

こう考えるとき、「社会学」と「文学」のあいだをめぐる「雑談」こそ重要なのである。

「京大思考」という「雑談」

文学の情景が社会にベッタリ委ねられるのではなく、「人間や社会に向けるそれぞれのまなざしや記述のスタイルなどもおのずから違いますので、その違いから学ぶことができる」（「社会学と文学」『社会学評論』59（1）、２００８年、11ページ）のは、「社会学というメガネをかけたときの視界の変化、そこに生じる意外性や批判意識や皮肉、そういう社会学の感覚みたいなものを多少とも楽しんで」（井上俊・大村英昭『社会学入門』放送大学教育振興会、１９８８年、１４３ページ）いける教養や余裕を持った井上だからこそできたのではないだろうか。

そう判断する理由は、井上が参照してきた外国語文献の多様さにある。

理論的な装置を丹念に準備したからこそ初めて可能になる分析を、もはや、後続世代は失ったのではないか。ここまで見てきた「京大思考」という「雑談」は、もう、失われたのではないか。

終わりのない「メタ」思考

井上は、先にも触れた森毅との対談で、「一応知識社会学の領域に関係がある」(『遊びと文化―風俗社会学ノート―』35ページ)とした上で、次のように語っている。

知識社会学は社会学の社会学、つまりメタ・ソシオロジーということになるわけなんだけど、そこで終わりというわけにはいかなくて、知識社会学の本性上、常に自分を相対化し、メタ・メタ・メタ……と進んでいってメタメタになるほかない(笑)(同35ページ)。

この「メタメタになる」楽しさが、「京大思考」という「雑談」ではないか。

ただし、この「メタメタ」を楽しむためには、さまざまな知識がなければならない。相対化するためには、何かを直視するだけでは足りないからである。直視する胆力を持った上で、その直視している視線、支えている胆力が、ほかの視線や胆力と比べたときに、どのような特徴があるのか。

ほかと比べなければ、相対化はできない。ただ疑うのでは足りない。

終わりのない「メタ」思考に踏み出すためには、外国語文献を読まなければならないし、その外国語文献の文脈もまた頭に入れなければならない。そうした余裕は、後に続く世代には、もはや継承されていない。

精神分析や脱構築といった、それ自体で厚みと歴史を有する人文学における膨大な蓄積をふまえなければ、「雑談」はできない。素朴に言えば、教養がなくなった、ということなのかもしれないが、しかし、ことはそう単純ではないだろう。

社会学だけではなく文学もまた変わりつつあり、その特権的な立場を失い、説得力と影響力を低くしつつある。この状況の変化が、文学を小説と同値する日本的な文学観の変容に何を与えているのか。

本を読めば偉い、小説を知っていれば良い、といった単純な教養主義は、とっくの昔に失われて久しい。「雑談」を重視する「京大思考」の居場所は、どこにあるのだろうか。

「社会学」と「面白さ」のあいだ

井上は、作田啓一とともに編んだ『命題コレクション　社会学』（ちくま学芸文庫、2011年）の冒頭で「48の命題を選ぶにあたり、私たちはなるべく〈面白い〉命題を選ぶように心がけた」とした上で、「ここでいう〈面白さ〉とは、（中略）〈意外性〉あるいは〈非自明性〉のことである」と定義し、さらに「〈面白い〉命題を選ぶといっても、選ばれた命題には当然説得性あるいは実証性が伴っている」（『命題コレクション　社会学』5ページ）と述べていた。

また、大村英昭（1942〜2015年）らとの共著『社会学入門』の末尾でも、「社会学っていうのも案外面白いかもしれないと思っていただけたら、この『入門』は成功だったということになる」（『社会学入門』143ページ）と位置づけている。

こうした〈面白さ〉の強調は、1990年前後の社会学教科書の傾向でもあった。

井上は、「旧来の教科書にはほとんど見られなかったことで、それじたい社会学的分析の対象となりうる現象である」（井上俊「私の大学教科書論　社会学」『IDE・現代の高等教育』349、民主教育協会、1993年、36ページ）と指摘している。

先に着目したように、井上は「実感」を重視してきたし、実際、自身のスタイルについて「私の場合、客観的なデータから出発するのではなく、自分のなかに入り込んでいる社会意識、自分自身も共有している社会意識から出発するくせがあります」として、「それぞれの人が、それぞれの興味や関心から出発し、それぞれの経験や実感にこだわりながら、『私小説』ならぬ『私社会学』をつくっていくのがよい」（井上俊「社会意識論」『アエラムック12　社会学がわかる』朝日新聞社、1996年、19ページ）と奨励している。

けれども、井上の教え子である近森高明（1974年〜）が「現在の若い世代は、脱常識という『面白さ』そのものに、すでにあらかじめ、ある種の飽きを感じてしまっているかもしれない」（近森高明「解説　常識が二度揺さぶられる不思議なテキスト」『命題コレクション　社会学』430ページ）と危惧し、遠藤知巳（1965年〜）が「文学の側が社会学を模倣しはじめている」（遠藤知巳「文芸テクストは社会学に何をもたらすか？」大澤真幸編『社会学の知33』新書館、2000年、72ページ）と断言するように、「社会学」固有の〈面白さ〉は失われつつある。

「面白さ」の次は何か

他方で、「社会学」の内部では、「実感にこだわりながら」つくる「私社会学」よりも、「社会学的テクスト」への依存が高まっている。「社会学的テクスト」とは、社会学の教科書や論文といった、社会学のお約束・お作法の中に収まっている文章を指す。

なるほど、職業としての社会学者が読んだり、教えたりするのは、そうした「社会学的テクスト」が優先されるべきである。しかし、それだけでいいのだろうか。

井上が嘆くように、参照されるのは「社会学のデータベースに登録されている文献ばかりなのです」（「社会学と文学」『社会学評論』59（1）、5ページ）。

しばしば言われる、「京大らしさ」についても同じことが言えよう。「面白さ」が見えなくなる中で、どうやって、その「らしさ」を出せば良いのか。クリアカットな答えがすぐに見つかるわけではないが、少なくとも、こうした「面白さ」には依存できない、そんな現状だと認識しなければなるまい。なぜなら、これまで見てきたように「面白さ」は、すでに社会学に独自の固有のものではなくなりつつあるからである。

単に「面白い」と言っていれば珍しがってくれたり、評価してくれたりする、そんな牧歌的な古き良き時代は過ぎ去り、もう来ない。

何かと言えば説明責任が求められ、「面白さ」もまた、裏付け（エビデンス）が要求される。そんな時代を私たちは生きている。

すでに述べた『京大変人講座』もまた、こうした「面白さ」の強調に棹《さお》さすものだろう。

もし、「面白さ」が、「京大らしさ」を支えてきたとされているならば、それは続けていけるのだろうか。あるいは、失われているとすれば、回復できるのだろうか。

この疑問は、ここまで見てきた、作田啓一による「戦後日本社会（論）」、さらには、加藤秀俊による「あいだ」性への着目とも重なる。

なぜなら、井上が重視してきた「雑談」こそが、こうした、漠然とした、もしくは、大きなテーマに迫れるからである。

京大卒は、どうやって社会と接点を持てば良いのか。

ここまで、きわめて私的なやりかたで「京大思考」を定義して、それを考えてきた。私自身についていえば、これまで、きちんと社会と接点を持てていたのか、非常に疑わしい。その疑わしさの最たるものが本書だろう。

そろそろ書き終えようとしている今にいたっても、正直、心もとないとはほとんど思っておらず、心もとないかどうかも考えていない。

ただ、本を出す、それも、廉価で多くの人に読んでもらえるかもしれない「新書」での刊行は、社会との接点という意味では、かなり大きい。

この3年ほど、Ｙａｈｏｏ！ニュースから依頼を受けてコメントをしているが、それもまた社会との接点として挙げられるものの、リアリティを持てていない(こう書いている時点で、社会との接点を持つことに失敗しているのかもしれないが)。「京大思考」を本書では社会学に即して検討してきた。しかし、ほかの分野、たとえば霊長類学(サル学)の系譜からも、あるいは人類学や、文学、そして何より哲学や、医学、物理学といった、京大のお家芸といえるジャンルでも、「京大思考」をとらえ直せるに違いない。

本書の試みが、そうしたこれからの「京大思考」に向けた一里塚となるならば、望外の喜びである。

あとがき

「石丸伸二はなぜ嫌われてしまうのか」。その答えは本文に書いたので、異論・反論をぜひお願いしたい。

石丸氏の毀誉褒貶に便乗して、こうして本を出せるのは幸せと言うほかない。京都大学の歴史や、有名人を調べるというのではなく、あくまでも私個人の見聞きしたことをもとに語ってきた。

「京大思考」というタグをつけることによって、ある種の思考のパターンや特徴を記せるのではないか。そんな思考実験として、エッセイとして、肩の力を抜いて読んでいただけたのなら、とてもありがたい。

この本を書くプロセスで「いかにも京大らしい」と思ったことがある。というのも、当初、本書の後半に京大出身の著名人との対談を計画していた。けれども私からのインタビューや対談の申し出は次々と断られた。

「京大」というタグで語られたくないし、語りたくない。もちろん、「京大」を掲げた本は、それなりに出ているから、みんながみんな断るわけではないのだろうが……。

急ピッチでお願いしたため、あまりに慌ただしかった、という事情もあるに違いない。

それでもなお、「京大」でまとめられたくない、もしくは、「京大思考」というコンセプトに当てはめられたくない。おそらく、この本を手に取ってくださった京大出身者もそんな雰囲気を共有しているのではないか。

だからこそ、あえて、この本を出す意味がある。

本書でいう「京大思考」や「京大話法」は、これからも定着しないかもしれない。そうだとしたら、私の定義が甘かったというより、その定着しなさ加減こそが「京大思考」なのではないか。

その「まとまらなさ」や、定義自体を疑う見方、そういった要素を結集したものが「京大思考」と言えるのではないか。

社会学者として、もう少しだけ付け加えておこう。

本書は、たとえば、杉本恭子『京大的文化事典　自由とカオスの生態系』（フィルムアート社、2020年）とは違う。同書が京大の「文化」を、かなりポジティブにとらえているのに対して、本書はそうではない。

そして、同書の副題にある「自由とカオス」が大切だとも、今だからこそ見直されるべきだとも、私はまったく考えていない。

それよりも社会学者としては、なぜ、京大＝自由、と語られているのかに興味があった。くわえて、そうしたイメージにたぶんに基づいたに違いない「京大話法」という、私（だけではないが）の思いつきをきっかけに、本を書く機会が与えられる。そのイメージの広がりが面白い。

堅苦しく言えば、「京大のイメージをめぐる私社会学」が、本書のテーマである。

本書は、サンプル数1の、ひとりよがりの思い出話に終始しているわけではない（と信じたい）。逆に、サンプル数の少なさをもとにして、そこに開き直らずに、できる限り開かれた、「おしゃべり」につなげてもらいたい、と願っている。「議論」

ではなく、「おしゃべり」だと強調したい。

私が京都大学に入学してから四半世紀にわたって続けてきたのは、「議論」とか「討論」といった、真面目なものではなかったからである。大澤真幸さんがゼミで、すぐに「雑談ですけど」と前置きした上で、それでも相当に高度な話をしてくれた風景を思い出しているからである。

また、本書を書くときに、心のよりどころになってくださったのは、最後の章で扱った井上俊先生の「雑談」や「おしゃべり」を大切にする姿勢だった。

こうした言い方を「韜晦《とうかい》」とか「照れ隠し」と言うのは、たやすい。大澤さんも井上先生も、「議論」や「討論」を引っ張り、そして、その魅力で多くの人を惹きつけてきた。そんな、お2人にとっての「雑談」は、それ以外の人にとっては、レベルが高すぎる。そうとらえたほうが良いのかもしれない。

けれども、お2人には及ばないとはいえ、私が、これまで京大で出会った数少ない友人と交わしてきたのは、「雑談」や「おしゃべり」でしかないし、だからこそ、楽しかったし、この本を書けたわけである。

とくに、三浦結、岩田馨、安岡健一の3人の同級生には、そのお付き合いに、深く感謝したい。そして、最も身近にいてくれた妻、鈴木円香にも、深謝しないわけにはいかない。

正直に申し上げて、「京大話法」は疲れる。話が進まないどころか、行ったり来たりするし、結論は出ない。こう書いている私に対してこそ、同級生や妻は、うんざりし続けてきたに違いない。

それでも、いや、それゆえに、この本を書く機会をいただけた以上、「京大話法」にも「京大思考」にも、それを京都大学が身につけさせてくれたかはわからないが、御礼を言わねばならない。

本書の第5章から第7章までは、私がこれまでに書いた、次の文章をもとに大幅に加筆・修正している。再録を許諾してくださった出版社に、あらためて深く御礼を申し上げる次第です。急なお願いにもかかわらず、本当にありがとうございました。

執筆の機会を与えてくださった、奥村隆先生、編集者の中村憲生さん、四竈佑介さん、石倉義博先生にも、あらためて心より御礼をお伝えしたい。

「作田啓一／見田宗介の初期著作における『価値』『1960年代の理論社会学』をめぐる知識社会学」奥村隆編『作田啓一vs.見田宗介』弘文堂、2016年、215〜256ページ

「加藤秀俊　中間文化論の全域化」奥村隆編『戦後日本の社会意識論　ある社会学的想像力の系譜』有斐閣、2023年、108〜126ページ

「社会学者はどこにいるのか？　『参照基準』、教科書『あいだ』」『社会学年誌』（60）、2019年、33〜56ページ

本書ではうまく扱えなかったのだが、「京大思考」を考える上で、大きな支えになったのは、京都大学総合人間学部で指導をしてくださった先生たちの教えである。特に、稲垣直樹先生と池田浩士先生には、心から御礼をお伝えしたい。お2人の名前を挙げるのはご迷惑かもしれないが、それでも、お2人からいただ

いた多くの金言があったから、大学時代から今まで、考えることをやめなかったのだと思う。

稲垣先生からは「ブランク」の大切さを、池田先生からは誠実さを、その表情や言葉の端々から、身をもって教えていただいた。

お2人は、この本に対して渋い顔をなさるに違いないが、それもまた、私なりの「京大思考」の賜物、ということで、お許しを乞う次第です。

最後に、本書の企画をご提案いただき、信じられないスピードで出版にこぎ着けてくださった、宝島社の宮下雅子さんに、衷心より御礼を申し上げる次第です。宮下さんの絶妙なディレクションと、寛大さのおかげで、こうした横紙破りの本を出すことができました。

2024年10月20日

著者　識

鈴木洋仁（すずき・ひろひと）
1980年東京都生まれ。神戸学院大学准教授。博士（社会情報学）。京都大学総合人間学部卒業後、関西テレビ放送、ドワンゴ、国際交流基金、東京大学などに勤務。並行して、東京大学大学院学際情報学府博士課程修了。専門は歴史社会学。著書に『「三代目」スタディーズ　世代と系図から読む近代日本』（青土社、2021年）など。

宝島社新書

京大思考
石丸伸二はなぜ嫌われてしまうのか
（きょうだいしこう　いしまるしんじはなぜきらわれてしまうのか）

2024年12月24日　第1刷発行

著　者　鈴木洋仁
発行人　関川　誠
発行所　株式会社　宝島社
〒102-8388 東京都千代田区一番町25番地
電話：営業　03(3234)4621
編集　03(3239)0646
https://tkj.jp
印刷・製本　中央精版印刷株式会社

ISBN 978-4-299-06156-0